LA CRÉATION
RETROUVÉE

Frère Éric Bidot

LA CRÉATION RETROUVÉE

L'écologie selon saint François

Éditions Emmanuel

Crédits photos : © Ciric / © Éric Bidot
Conception couverture : © Christophe Roger
Composition : Soft Office (38)

89, bd Auguste-Blanqui – 75013 Paris
www.editions-emmanuel.com

ISBN : 978-2-35389-870-1
Dépôt légal : 1er trimestre 2021

Le monde est plus qu'un problème à résoudre,
il est un mystère joyeux que nous contemplons
dans la joie et la louange.

Pape François, *Laudato si'*, n° 12

PRÉFACE

En Occident, se sont succédé trois, voire quatre visions du monde.

Selon la première, *cosmocentrique*, le concept englobant est la *nature*. Pour les Anciens (Grecs ou Latins), le monde est ordonné, harmonieux, riche de sens, parfois inquiétant, mais ultimement matriciel et protecteur. Les Grecs ne lui ont-ils pas donné le nom de *cosmos*, qui a notamment donné notre *cosmétique* ? Conjuguant unité, vérité, bonté et beauté, il inclut l'homme qui mesure son être comme son action à ce qui est naturel. Par exemple, s'interrogeant sur la juste taille d'une cité, Platon et Aristote répondent que, comme les organismes vivants qui ne sont ni trop petits, ni trop grands, elle doit être mesurée. Même Dieu (le Bien en soi, l'Acte pur, l'Un, etc.) est compris, parfois aux deux sens du terme, à partir de la nature : comme inclus, en tout cas comme nécessairement connecté à ce cosmos.

Avec la révélation biblique qui, bien sûr, commence avec le judaïsme et l'Ancien Testament, mais ne produit une influence culturelle universelle et durable que par le christianisme, la vision patristique, puis médiévale du monde devient *théocentrique* et fait de celui-ci une *créature*. Désormais, le premier article du *Credo* le confesse, Dieu est celui qui a *librement* façonné le monde. Qu'il ait « créé toutes choses avec sagesse », à la limite, un Ancien est prêt à y adhérer. Mais qu'il ait créé « par amour » compris comme libéralité, c'est-à-dire comme amour totalement gratuit, cela lui échappe, ne serait-ce que parce que, pour lui, l'amour est un *éros*, voire une *hubris*, en tout cas jamais une *agapè* qui se donne en servant, jusqu'à prendre, en Jésus, la « forme de serviteur », c'est-à-dire d'« esclave » (Ph 2, 7). Dans cette vision, l'homme, qui seul est créé à l'image de Dieu (cf. Gn 1, 26-28), est supérieur au reste de la création, tout en lui demeurant intérieur. Et s'« il règne sur la création », c'est en n'oubliant jamais que c'est « en te servant, toi son Créateur », donc en exerçant son règne comme un service et non comme une domination[1].

1. Hors les références bibliques, les citations sont tirées du début de la quatrième Prière eucharistique, dont l'original fut écrit en français.

Avec la modernité (que l'on fait habituellement commencer avec la naissance de Descartes en 1596), une vision toute différente, *anthropocentrique*, se fait jour. Avec les découvertes cosmologiques et physiques, le cosmos fini, protecteur, éloquent, rayonnant laisse place à un univers infini, inquiétant, muet et sombre. L'arrière-plan doré des peintures médiévales, signe de la présence divine (« Le ciel et la terre sont remplis de ta gloire », chante le *Sanctus*), laisse place au sombre fond dont le Caravage fut à la fois l'inventeur et le prophète. Loin de se sentir inclus dans ce monde inhospitalier, l'homme, devenu *aventure*, c'est-à-dire liberté, s'en arrache et lui arrache sa vérité pour en devenir le maître et possesseur, par un savoir analytique et mathématisé, et bientôt par des techniques de plus en plus intrusives et polémiques. Quant à Dieu, au mieux, il est l'Absolu déiste de la chiquenaude initiale ou le Grand Horloger, au pire, il est évacué comme hypothèse inutile.

Le monde contemporain (qui s'initie, là encore classiquement, avec la mort de Hegel en 1831) peut être envisagé d'une double manière. Comme *hypermoderne*, c'est-à-dire comme mise en œuvre radicalisée du projet moderne de domination de l'univers par un homme qui en est désormais le dieu créateur, que ce soit dans ce que le pape François appelle « paradigme technocratique »

(*Laudato si'*, chap. 3) ou dans l'utopie eschatologique qu'est le paradigme transhumaniste. Comme *postmoderne*, c'est-à-dire comme entreprise de déconstruction systématique du programme prométhéen de la modernité. À l'instar de la fable de La Fontaine, « La grenouille qui veut se faire aussi grosse que le bœuf », l'homme qui joue à devenir le dieu du monde et de lui-même finit par éclater en de multiples fragments, externes (individualisme, hyperspécialisation des savoirs, etc.) et internes (infobésité, réduction à ses conditionnements faussement compris comme des déterminismes, etc.). Voire, dans le modèle écocentrique ou biocentrique qui se nourrit d'abord de sa réaction contre le modèle anthropocentrique et de sa mauvaise conscience d'avoir détruit la nature, l'homme, qui ne peut plus accuser le Dieu qu'il a tué, finit par retourner sa culpabilité contre lui, se suicider et donc se définir comme raté et comme *rature*.

Sommes-nous voués à cette oscillation désespérante entre l'illusion orgueilleuse de l'antropocentrisme et la dépression acédique de l'écocentrisme ? La première adore l'homme jusqu'à la haine de la nature et la seconde adore la nature jusqu'à la haine de l'homme. Un troisième scénario est-il envisageable qui s'inspire du passé, accueille les ombres, mais aussi les lumières du présent et nous ouvre un avenir ?

C'est ici que l'ouvrage bienvenu d'Éric Bidot trouve sa place et toute sa place. Dans une relecture du fameux *Cantique de frère Soleil*, il nous montre que nul regard n'est adéquat à la nature (que François n'appelle jamais ainsi, mais toujours création), s'il ne resitue dans leur juste ordre : Dieu, le « Très-Haut, tout-puissant bon Seigneur » ; les multiples créatures, tant cosmiques que terrestres, tant inertes que vivantes ; et l'homme dont la vocation est de louer avec gratitude et de « servir avec grande humilité[1] ». Il conjure ainsi la double dérive symétrique, éco- et anthropo-centrique, secrètement habitée par la double idolâtrie, de la nature ou de l'homme, et rappelle que seule la perspective théo-centrique permet d'accorder à chaque être son lieu propre.

Certes, ce n'est pas le premier ouvrage en langue française qui parle du *Cantique des créatures* (autre nom du *Cantique de frère Soleil*) ou de la vision écologique de frère François. D'autres approches en ont exploré l'enracinement anthropologique (passionnante thèse d'Éloi Leclerc qu'a trop effacée le succès si légitime de son *Sagesse d'un pauvre*), historique (Jacques Dalarun), théologique (Luc Mathieu, Laure Solignac), écologique (Jean Bastaire). Il nous manquait toutefois

1. J'ai cité les premiers et derniers mots du *Cantique de frère Soleil*.

une approche pastorale, qui n'ignore rien de la richesse des autres perspectives, dont il nous fait bénéficier de manière accessible.

Prévenons d'emblée trois objections. Ce faisant, je me contente de reformuler d'une autre manière ce que *La Création retrouvée* développe avec précision.

Parler d'écologie à l'école de saint François, n'est-ce pas à nouveau nous servir un discours culpabilisant et trop exigeant sur la conversion écologique ? D'abord, frère Éric ne parle quasiment pas d'écologie au sens pratique. Non qu'il l'ignore ou la méprise, mais il sait que bien des bons ouvrages existent en ce domaine. Ensuite, il fait beaucoup mieux : il nous propose une *écosophie*, c'est-à-dire un regard de sagesse sur la nature. Pour cela, il n'hésite pas – et le fait est encore trop rare pour qu'il ne faille pas le souligner – à aller puiser dans l'œuvre de l'immense théologien franciscain qu'est saint Bonaventure (chap. 15). En effet, ce contemporain de saint Thomas (ils sont morts la même année), ministre général des frères mineurs, montre combien une juste vision de la nature est trinitaire : toute créature, même la plus mineure (petite), possède une origine, une figure et une fin ; elle participe donc du Père qui est la Source, du Fils qui est l'Image (l'Exemplaire) et de l'Esprit qui est l'Achèvement ; elle porte ainsi en elle rien moins que le vestige de toute la Sainte Trinité. Enfin, inspiré par cette lumière sommitale, frère Éric propose au terme une suggestive démarche écopratique, ascendante et descendante (cf. chap. 18).

Ensuite, le cantique du *Poverello* n'est-il pas l'œuvre ingénue d'un doux rêveur « écolo-banjo » ? Frère Éric, qui s'adresse cette difficulté, nous rappelle le fait trop peu connu qu'il fut composé après que François a reçu les stigmates, au sortir d'une longue crise intérieure et extérieure, et seulement un an avant sa mort (chap. 2). Il propose une vision de la nature que l'on doit oser qualifier de *dramatique*. Nous sommes là au cœur de son propos qui est proprement chrétien ou, mieux, christologique. L'intuition, qui n'a jamais mieux mérité son nom, est de *voir* (le verbe latin *intueor* signifie « je vois ») Dieu dans la création. Cette assertion, qui peut sembler banale à de nombreux fidèles, requiert d'écarter deux erreurs opposées. La première, beaucoup plus fréquente chez ceux des écocentristes qui enracinent leur action militante dans une contemplation spirituelle (ce qui ne veut pas dire religieuse), est le monisme ou le panthéisme (non sans influence orientaliste). Elle consiste à non plus voir Dieu présent dans la nature, mais identifier Celui-ci à celle-là. Dès lors, les paroles de François « frère Soleil », « sœur mère Terre », etc., sont comprises dans un sens univoque et en fait partiel, oubliant que les liens fraternels supposent d'abord un Père commun qui est Dieu, et qu'ils sont eux-mêmes variés (le Soleil est aussi appelé « Messire », car il reflète quelque chose du mystère du Dieu créateur).

La seconde, en revanche, beaucoup plus présente chez les chrétiens, fait de la création un simple chemin vers Dieu, un miroir (cf. chap. 18). Cette vision, plus païenne qu'il n'y paraît (elle rappelle le discours, par ailleurs admirable, de Diotime dans le *Banquet* de Platon), manque totalement l'audace novatrice de François qui, ici, ne se fait que l'écho de l'enseignement biblique et christique : Dieu habite réellement notre création ; et, s'il est communion, il ne peut pas ne pas avoir tissé des liens très étroits entre les créatures. Or, pour pouvoir entrer en connexion avec le « tu » qu'est l'autre (y compris non humain), encore faut-il que mon « je » cesse de prendre toute la place, par violence ou par peur. Voilà pourquoi le petit pauvre d'Assise ne pouvait entrer dans cette conscience de frère universel qu'en passant, à la suite de son Seigneur crucifié, par la crucifixion intérieure de son ego. Le cosmos théophanique est d'abord un cosmos théodramatique. Ce livre nous invite donc à nous demander à la suite de frère François si, réellement et pas seulement métaphoriquement, le soleil et le feu (chap. 7), l'oiseau (chap. 8), l'agneau (chap. 9), la fleur (chap. 10), l'eau (chap. 11), mon corps (chap. 12), sont mon frère, ma sœur (important chap. 3) et ma mère (chap. 4). Il nous propose, pour cela, non pas un discours, mais un parcours, qui est celui-là même de François : la solitude (chap. 13) et le dépouillement (chap. 14, qui lui aussi est important, en résonance avec le chap. 6), lui donnent accès à la contemplation (chap. 15), qui est pèlerinage vers la Patrie (chap. 16) et, ici-bas, à sa vocation de héraut (chap. 17).

Enfin, repartir de François, n'est-ce pas proposer un retour nostalgique et de toute manière impossible à un prétendu âge d'or antico-médiéval ? Lisez et vous verrez !

Éric Bidot écrit avec toute son *intelligence* de l'histoire et de la pensée de François longuement méditées. Plus encore, il parle avec tout son *cœur* de capucin qui vit ce qu'il contemple. Enfin, il s'adresse à son lecteur avec sa *chair* d'homme qui s'engage dans sa parole (cf. son témoignage dans l'introduction de la première partie) et, non sans suspense (annoncé au chap. 3), nous conduit à ce qu'il appelle le « secret » de François (je vous laisse le découvrir !).

De cette crise qui nous touche au cœur et nous excentre, ce livre aidera concrètement à sortir par le cœur, c'est-à-dire par le centre et par l'Amour qui s'est « livré pour moi » (Ga 2, 20).

Pascal Ide

INTRODUCTION

Les mois d'avril et de mai 2020 resteront exceptionnels dans nos mémoires. Confinés chacun chez soi du fait d'une pandémie planétaire, nous n'étions plus dans les rues, nous ne marchions plus dans les bois, nous ne musardions plus sur les paquebots, nous ne prenions plus l'avion… Un arrêt sur image qui a permis à d'autres images d'exister : celles des eaux claires de la lagune de Venise, des canards déambulant devant les tours de la cathédrale Notre-Dame de Paris, de deux cerfs évoluant dans une ville de région parisienne, des crocodiles bronzant sur une plage du Mexique, sans oublier la pollution en berne ou le chant des oiseaux retrouvé… La mise entre parenthèses de nos vies modernes, souvent bruyantes, parfois polluantes et toujours en mouvement, a été l'occasion de scènes insolites et bienfaisantes pour les citadins ou « rurbains » que nous sommes devenus. À la faveur de ce temps suspendu, aurions-nous retrouvé la création ? Certes, une timide connexion entre l'homme et la nature semble davantage s'exprimer, au moins au niveau des intentions. Elle est à resituer, toutefois, parmi les initiatives qui se multiplient depuis plusieurs années en faveur de ce lien à renouer et de la redécouverte des relations au sein de la nature, dans la permaculture, par exemple. Ces initiatives se heurtent cependant à nos habitudes et à nos difficultés à changer nos comportements.

L'encyclique du pape François *Laudato si'* a été, et demeure, une parole puissante en faveur d'une prise de conscience de la dégradation environnementale et sociale à laquelle nous assistons. Bien qu'il décrive la situation dramatique de « notre maison commune », le pape ne renonce pas à avoir confiance dans notre capacité à unir nos forces pour sauvegarder cette maison que nous partageons. Se référant à François d'Assise dont il a pris le nom, le pape a choisi de rappeler, dès les premières lignes, que « si nous nous approchons de la nature et de l'environnement sans cette ouverture à l'étonnement et à l'émerveillement, si nous ne parlons plus le langage de la fraternité et de la beauté dans notre relation avec le monde, nos attitudes seront celles du dominateur, du consommateur ou du pur exploiteur de ressources, incapable de fixer des limites à ses intérêts immédiats » (*LS* n° 11). Le contexte du Moyen Âge n'est pas le nôtre, nous sommes bien d'accord. Dès lors, l'attitude de François d'Assise, évoquée par le pape, relève-t-elle d'un romantisme « irrationnel », ou a-t-elle une pertinence pour éclairer nos comportements ?

Dans la galerie des saints, François est assez unique en son genre. À sa manière, le sociologue Edgar Morin n'a pas manqué de le remarquer : « Le pape François a eu la chance de trouver dans le christianisme saint François d'Assise ! Car s'il n'avait pas été là, il aurait été bien maigre en référence[1]... » Le constat est dur, mais pas entièrement vrai, comme nous le verrons ! Certes, les figures chrétiennes ne sont pas nombreuses à parler aux oiseaux ou à réconcilier le loup et les humains, à appeler le soleil « frère » ou l'eau « sœur », à se réjouir du chant des cigales ou à admirer les fleurs et les herbes. François resitue l'homme et la femme *dans* la nature, et non plus en indépendance voire en surplomb dominateur. Avec François, nous sortons de l'affrontement – l'homme *ou* la

1. *La Croix*, 21 juin 2015, à l'occasion de la sortie de l'encyclique *Laudato si'*.

nature – pour nous engager sur un chemin de commune appartenance, car la personne fait partie de la création, elle en est un élément.

Nature ou création ? C'est un fait que, pour François d'Assise et la théologie qui met en mot son expérience singulière, on parle de « création ». François n'emploie jamais le terme « nature ». Il désignerait en effet une réalité indépendante et autosuffisante qui lui est étrangère. « François ne vénère pas la nature, il célèbre la création », écrit l'historien Jacques Dalarun[1]. Il considère en effet le monde en référence à la Trinité créatrice, Père, Fils et Esprit Saint, qui est à l'origine de tout le créé et qui se laisse rechercher *dans* et *par* son œuvre créée, conférant aux éléments sens et valeur. Sa pensée est donc théologale de bout en bout. L'oublier au seuil de cet ouvrage reviendrait à répéter une certaine littérature évoquant un doux rêveur sans consistance. Au contraire, profondément et réellement, tout au long de sa vie, François approfondit un acte de foi en Dieu, dans sa paternité créatrice, sa filiation restauratrice, sa spiritualité réconciliatrice. François est moderne dans son respect du créé, mais on se méprend si l'on s'en tient

1. Jacques Dalarun, *Le Cantique de frère Soleil. François d'Assise réconcilié*, Paris, Alma éditeur, 2014, p. 95.

à la seule horizontalité des choses : le sens profond de ce respect est à (re)découvrir dans la foi « verticale » en Dieu, source de toute vie. Dans cette perspective, parce qu'issu d'un Dieu bon et beau, le créé est en soi bon et beau.

Insistons une nouvelle fois, avec les paroles du pape François, sur la non-superposition des mots « nature » et « création », car ces paroles fixent le cadre de notre découverte de François d'Assise : « Pour la tradition judéo-chrétienne, dire "création", c'est signifier plus que "nature", parce qu'il y a un rapport avec un projet de l'amour de Dieu dans lequel chaque créature a une valeur et une signification. La nature s'entend d'habitude comme un système qui s'analyse, se comprend et se gère, mais la création peut seulement être comprise comme un don qui surgit de la main ouverte du Père de tous, comme une réalité illuminée par l'amour qui nous appelle à une communion universelle » (*LS* n° 76). La création vue comme un don et des relations, voilà qui change tout et nous interroge ! Comment vais-je pouvoir apprendre à recevoir et faire fructifier ce don ?

L'enjeu de cet ouvrage est de nous mettre à l'école de l'homme d'Assise pour nous engager dans une conversion : retrouver la création. Cette conversion est proprement mystique, au sens d'une réalité personnelle d'Alliance entre Dieu et l'homme, jamais épuisée, et elle se situe pleinement dans la relation au créé : pour François, la création n'est pas à fuir comme si elle nous détournait de l'essentiel, mais elle est à retrouver, voire à embrasser, avec nos sens, parce que Dieu s'est fait chair dans le monde et qu'il a habité parmi nous. Dès lors, il s'agira d'entrer dans un double mouvement : celui d'aller à Dieu avec les créatures ; mais aussi, suivant le mouvement de la venue du Fils de Dieu dans la chair, nous apprendrons à « contempler Dieu en chacune des créatures qui entrent en notre esprit par les sens corporels[1] », selon les mots de Bonaventure, disciple de François d'Assise. En cela, nous ne nous éloignons pas du Créateur. Au contraire, en descendant dans l'épaisseur de la création, nous continuons de nous élever vers Dieu[2].

Notre cheminement comprendra trois étapes. Nous relirons le célèbre *Cantique de frère soleil* ou *Cantique des créatures*, composé sans doute vers 1225. Ce *Cantique*, unique dans ses accents, est le texte le plus abouti de la perspective franciscaine du créé. Puis nous revisiterons

---

1. *Itinéraire de l'esprit jusqu'en Dieu*, II, 1 (traduction André Ménard, Vrin, 2019).

2. Cf. Laure Solignac, *La Théologie symbolique de saint Bonaventure*, Les Plans-sur-Bex, Parole et Silence, 2010, p. 78.

certaines rencontres entre l'homme de Dieu et divers éléments de la création, rencontres qui ont trouvé un vif écho dans les arts : peintures, œuvres musicales ou théâtrales... Enfin, nous découvrirons comment François s'est petit à petit « converti », *par* et *dans* la création, à l'amour du Dieu vivant et vrai, en qui il découvre la Source créatrice à l'œuvre en chaque élément créé.

SIGLES UTILISÉS

Pour les citations bibliques, nous utilisons la traduction officielle liturgique de la Bible.

Les écrits et les extraits des biographies de François sont pris dans *François d'Assise. Écrits, Vies, témoignages. Édition du VIIIe centenaire*, sous la direction de Jacques Dalarun, Cerf-Éditions franciscaines, 2010.

Écrits de saint François d'Assise :

Les *Règles* ont été écrites à la demande de l'Église pour préciser la pensée et le projet de vie évangélique de l'homme d'Assise. Les *Admonitions*, quant à elles, sont des conseils spirituels donnés par François et notés par les premiers frères.

Adm *Admonitions*
1 Rg *Première Règle* (1221)
2 Rg *Deuxième Règle* (1223)

Sources franciscaines secondaires[1] :

Plusieurs auteurs se sont essayés à raconter la vie de François, en compilant les témoignages de ses contemporains. De formation littéraire, Thomas de Celano, entré dans l'Ordre franciscain en 1216, a connu François. Il a rédigé deux biographies, et une troisième vient d'être découverte. Bonaventure est entré dans l'Ordre après la mort de François et a écrit une biographie plus « théologique » ou « spirituelle », la *Legenda major*. La *Compilation d'Assise*, écrite entre autres par frère Léon, le grand ami de François, est venue compléter le récit des faits concernant la jeunesse de François et les débuts de l'Ordre. Les *Fioretti*, enfin, sont des récits que les frères se sont transmis sur plusieurs générations avant de les coucher par écrit, d'où leur date plus tardive.

1 C *Première Vie* de Thomas de Celano (1228-1229)
2 C *Deuxième Vie* de Thomas de Celano (1247)

---

1. Nous reprenons ici les datations proposées par François Delmas-Goyon, *Saint François d'Assise. Le frère de toute créature*, Les Plans-sur-Bex, Parole et Silence, Collège des Bernardins, 2008, p. 6.

CA/LP *Compilation d'Assise* – anciennement appelée *Légende de Pérouse* (1311)

Fior *Fioretti* – ou *Actus du bienheureux François* (1327-1340)

LM *Legenda major* (1262-1263)

CANTIQUE DE FRÈRE SOLEIL

Très-Haut, tout-puissant bon Seigneur,
à toi sont les louanges, la gloire et l'honneur, et toute bénédiction.
À toi seul, Très-Haut, ils conviennent,
et nul homme n'est digne de te nommer.

Loué sois-tu, mon Seigneur, avec toutes tes créatures,
spécialement messire le frère Soleil,
lequel est jour, et tu nous illumines par lui.
Et lui, il est beau et rayonnant avec grande splendeur :
de toi, Très-Haut, il porte signification.

Loué sois-tu, mon Seigneur, par sœur Lune
et les étoiles :
dans le ciel tu les as formées claires et précieuses
et belles.

Loué sois-tu, mon Seigneur, par frère Vent,
et par l'air et le nuage et le ciel serein et tout temps,
par lesquels à tes créatures tu donnes sustentation.

Loué sois-tu, mon Seigneur, par sœur Eau,
laquelle est très utile et humble et précieuse et chaste.

Loué sois-tu, mon Seigneur, par frère Feu,
par lequel tu nous illumines la nuit ;
et lui, il est beau et joyeux et robuste et fort.

Loué sois-tu, mon Seigneur, par notre sœur mère Terre
laquelle nous sustente et gouverne
et produit divers fruits avec les fleurs colorées
et l'herbe.

Loué sois-tu, mon Seigneur,
par ceux qui pardonnent par ton amour et soutiennent
maladies et tribulations.
Bienheureux ceux qui les supporteront en paix,
car par toi, Très-Haut, ils seront couronnés.

Loué sois-tu, mon Seigneur, par notre sœur Mort
    corporelle,
à laquelle nul homme vivant ne peut échapper.
Malheur à ceux qui mourront dans les péchés mortels,
bienheureux ceux qu'elle trouvera en tes très saintes
    volontés,
car la mort seconde ne leur fera pas mal.

Louez et bénissez mon Seigneur et rendez grâce
et servez-le avec grande humilité.

PREMIÈRE PARTIE

LOUANGE FILIALE

Assise. En Ombrie, ville entre ciel et terre, entre monts et vallées, adossée au Subasio, à mi-pente, à l'équilibre. Ville non pas recroquevillée, mais s'étalant le long de la colline, s'ouvrant sur la vallée. « Assise, terre nourricière du corps, de l'esprit et de l'âme d'un des plus grands saints que l'Occident ait connus », n'hésite pas à écrire François Cheng[1]. Bien sûr, François est connu comme le « frère universel », mais il est d'abord l'homme d'un lieu, et cela le marque profondément. Il s'en éloignera, mais pour y revenir, car il y a là un berceau, terre de fondation et de rencontres.

François est l'une des figures les mieux renseignées de ce XIIIe siècle : de cette époque, nous avons des écrits autobiographiques ou attestés et de nombreuses biographies qui se répondent les unes aux autres. Nous avons une mémoire vivante chez les frères, de génération en génération. Il existe donc beaucoup de sources

1. *Assise. Une rencontre inattendue*, Paris, Albin Michel, 2014, p. 17.

et de connaissances à travailler et à croiser. Par ailleurs, depuis plus d'un siècle, probablement grâce à l'essor du romantisme qui s'est intéressé à son lien avec la nature, la personne de François fait à nouveau l'objet d'études et de livres, sans compter les autres œuvres artistiques, musicales, picturales, théâtrales... Citons, en particulier, le frère franciscain Éloi Leclerc et son chef-d'œuvre *Sagesse d'un pauvre,* le romancier Julien Green et son *Frère François,* l'historien André Vauchez et son *François d'Assise,* l'écrivain Félix Timmermans et sa biographie *La Harpe de saint François.* Ces œuvres attestent du succès de cet homme du Moyen Âge, appelé encore le Petit Pauvre, *Poverello.* Cet homme si original, si profond, si fraternel, si libre.

L'écrivain anglais Chesterton (encore un autre qui s'est intéressé à l'homme d'Assise) prévient dans son *Saint François d'Assise,* publié en 1925, qu'il voit trois manières de concevoir François : le considérer comme une haute figure de l'histoire et un modèle de vertus sociales, un héros en quelque sorte ; l'approcher par la face sombre de l'ascétisme et des stigmates, ce qui découragera le lecteur, tenté de se détourner de cette « sorte de cliché négatif[1] » inintelligible pour quelqu'un

1. Gilbert Keith CHESTERTON, *Saint François d'Assise,* Paris, Librairie Plon, 1925, p. 4.

qui ne partage pas sa foi; le découvrir à la manière d'un « curieux moderne profane et ordinaire[1] », un sympathisant, qui essaye de le comprendre et ne s'arrête pas aux préjugés.

Je ne le cache pas : c'est la deuxième manière que j'ai choisie. Ce faisant, il est vrai, je m'expose à plus d'un titre. D'abord, Chesterton dit que cela est impossible et, ensuite, qu'« il faudrait un saint pour écrire la vie d'un saint[2] », ce que je ne suis pas. Je suis cependant un frère mineur capucin qui a, depuis des années, François d'Assise comme premier de cordée pour le conduire dans l'amitié avec le Christ Jésus. Je n'arrive donc pas me mettre à la place du profane et à en parler de l'extérieur. La vie de François et de ses frères m'a suffisamment interrogé pour faire le choix de la vie franciscaine dans sa forme capucine. Elle me touche en son centre : se laisser dépouiller progressivement de l'avoir pour « être » réellement, renouvelé par la vie que Dieu donne. À ce titre, j'affirme que, sans la foi chrétienne, on ne peut pas comprendre François. Sans elle, il est aimable, profond, provocateur mais… ce n'est pas l'essentiel, le cœur ; ou plutôt, l'amabilité, la profondeur, la provocation… que

1. *Ibid.*, p. 5.

2. *Ibid.*

l'on trouve chez lui et qu'il suscite, renvoie à un être habité de Dieu, qu'il s'agira d'entrevoir.

J'ai donc choisi de partir de la fin de la vie de François pour tâcher de comprendre ce qui en fait le cœur, en particulier dans ses retrouvailles avec la création. Je le répète : ce choix est discutable, mais pas indéfendable. Discutable, car ce que vit quelqu'un à la fin de son chemin a été façonné, marqué, élaboré par les étapes antérieures de sa vie, et il importerait donc de comprendre pas à pas ces maturations. Défendable, cependant, du fait que ce que vit François en ses années 1224 et 1225 est comme la synthèse expressive de toute son existence, le bouquet final qui permet de resituer chaque étape de sa vie dans une dynamique. Cette dynamique a un sens, donné par un attachement fort qui oriente définitivement les faits et gestes, paroles et silences : l'attachement au Christ Jésus. Toutes les biographies médiévales l'attestent ; alors, au XXIe siècle, devrions-nous le taire ou le dissimuler ?

Que se passe-t-il en ces années 1224 et 1225 ? François écrit le célébrissime *Cantique de frère Soleil*, après avoir reçu dans sa chair la marque des stigmates de Jésus. Double événement, facettes d'une même réalité : François a réorganisé sa vie à partir de la contemplation de Jésus pauvre et crucifié, au point d'en recevoir les marques dans sa chair, et, en Jésus, il s'est ouvert à des relations nouvelles de fraternité avec tous les éléments du créé. Dans cette première partie, nous allons relire le *Cantique,* non pas d'abord à partir des éléments tels que le soleil, la lune, le vent, l'eau, le feu et la terre, mais à partir des diverses relations instaurées avec les éléments du créé.

Je prends un risque avec ce point de départ, car l'intensité de l'expérience de Dieu de François n'est pas la nôtre et peut nous décontenancer. Mais laissons-le nous prendre par la main pour nous faire découvrir que toute circonstance, heureuse ou malheureuse, peut devenir d'une certaine manière le lieu de « nos » stigmates qui s'ouvriront sur « notre » *Cantique de frère Soleil.* Vous ne saisissez pas trop encore ? Alors, entrons dans le vif du sujet.

CHAPITRE I
LOUANGE

Imaginons frère François, fatigué et allongé, une nuit de cette année 1225, un an avant sa mort : il a 43 ans, son corps est épuisé par les privations et les marches incessantes à travers l'Ombrie, la Toscane et le Latium. Ses yeux sont malades d'avoir versé trop de larmes pendant ses interminables temps de prière, ces larmes qui lui viennent dès qu'il médite l'amour de Dieu manifesté en Jésus. Ses yeux ont aussi souffert du soleil de Damiette, en Égypte, où il a accompagné les croisés ; il y a rencontré le sultan, laissant dans les mémoires le souvenir d'un échange cordial avec « l'autre ». Son cœur est lourd des divisions parmi les frères et de l'avenir incertain de sa fondation, où les frères sont tiraillés entre des adaptations inévitables et la simplicité radicale des premières années. Car oui, désormais, environ cinq mille frères ont rejoint François depuis 1209, année où le pape Innocent III a reconnu sa forme de vie pauvre selon l'Évangile.

Épuisé donc et peut-être aussi découragé, au terme d'une nuit éprouvante habitée par toutes ces difficultés, François s'écrie pourtant : « Je veux faire une nouvelle louange du Seigneur sur ses créatures dont nous usons chaque jour, sans lesquelles nous ne pouvons vivre, et en lesquelles le genre humain offense beaucoup le Créateur » (CA 83, LP 43). Et jaillissent alors ces mots connus : « Très-Haut, tout puissant et bon Seigneur… Loué sois-tu ! » Le *Cantique de frère Soleil* est né, non pas dans un moment de naïve facilité ou d'exaltation romantique, mais alors que François vit un temps de désarroi. Il ne se replie pas définitivement sur lui-même, mais trouve au plus profond de lui une ressource, ou plutôt une source, peut-être encore inconnue jusque-là, qui le pousse à s'ouvrir plus encore à Dieu créateur, dans un esprit de reconnaissance pour tout ce qui existe et pour lui-même.

La louange, c'est-à-dire le chant de reconnaissance adressé à Dieu, est une caractéristique du *Poverello*. Elle habita son cœur très rapidement après qu'il eut quitté la boutique paternelle, au centre-ville d'Assise, où il était reconnu et apprécié. Dès qu'il fit le choix de la pauvreté, distribuant son argent et demandant au jour le jour sa nourriture, il exprima joie et remerciement à Dieu en toutes circonstances. Par exemple, alors qu'il n'avait sur lui que de vils vêtements en lieu et place de ses tuniques somptueuses d'antan, François était un jour dans la forêt, chantant en français les louanges de Dieu. Probablement apprise auprès de sa mère, Dame Pica, François utilisait la langue française, associée à la poésie courtoise, pour s'adresser à Dieu. Des brigands lui barrèrent la route et lui demandèrent, menaçants, qui il était. « Le héraut du Grand Roi ; pourquoi cela vous intéresse-t-il ? » répondit-il avec assurance. Les brigands, cependant, écrit frère Thomas de Celano, premier biographe de François, « le frappant, le jetèrent dans un fossé plein d'une neige abondante, en disant : "couché, le manant héraut de Dieu !" Quant à lui, il se retourna de tous côtés, secoua de lui la neige et, tandis qu'ils s'éloignaient, sauta hors de la fosse ; l'esprit égayé d'une grande joie, il se mit à faire résonner par les bois des louanges à voix haute pour le Créateur de toutes choses » (1 C 16). Les obstacles ne semblaient pas l'écraser. Ils décuplaient plutôt sa capacité joyeuse de chanter parce qu'il s'en remettait alors à Dieu seul, et développait une plus grande confiance en lui. Mais, soulignons-le dès maintenant, cette capacité joyeuse naît d'un cœur qui se sait pauvre par lui-même et qui a progressivement appris à recevoir ce qui advient, tout ce qui advient, comme un don à vivre avec Dieu.

La louange de François, en cette nuit de 1225, naît de la pauvreté existentielle dans laquelle il demeure et se veut en rapport avec les créatures qui l'environnent. Elles sont habituellement en relation avec lui, comme elles le sont avec nous, et il entend honorer ces relations. Il reconnaît ainsi que les créatures lui rendent service et que sans elles, il ne pourrait pas vivre, au sens de subsister. Il y a donc dépendance à l'égard du créé. Il ajoute alors que, en elles, nous offensons le Créateur. Que signifie cette affirmation ? Je vois deux explications, qui se complètent d'ailleurs. La première est que nous usons des créatures sans exprimer de gratitude à l'égard de celui qui les a créées. La seconde est qu'user des créatures sans discernement, c'est offenser leur Créateur. François précise sa pensée lorsqu'il dit : « Chaque jour, nous sommes ingrats face à tant de grâce, car nous n'en louons pas comme nous le devrions notre Créateur et dispensateur de tous biens » (CA 83, LP 43). La louange vient remédier à l'ingratitude dans laquelle nous nous tenons, lorsque nous considérons ce qui nous entoure comme un dû, et non un don qui a son origine en Dieu.

La louange est, ici, le fait de la personne humaine qui se redécouvre créature parmi les créatures et comme convoquée à la reconnaissance simple et joyeuse pour ce qui lui est offert. Cela conduisit François à donner ce conseil à ses frères : « Le matin, au lever du soleil, tout homme devrait louer Dieu qui l'a créé, car par lui, de jour, les yeux sont éclairés. Le soir, à la tombée de la nuit, tout homme devrait louer Dieu pour cette autre créature qu'est frère Feu, car par lui, de nuit, nos yeux sont éclairés » (CA 83, LP 43). De jour comme de nuit, François nous lance le défi de louer. D'ailleurs, tout au long de la vingtaine d'années qui s'écoulèrent entre sa conversion et sa mort, le 4 octobre 1226, François invita ses frères, ses auditeurs et toutes les créatures à louer Dieu, comme il l'exprime dans ses *Louanges pour toutes les heures* : « Dites louange à notre Dieu, tous ses serviteurs et vous qui craignez Dieu, petits et grands. Que les cieux et la terre louent ce Dieu glorieux. Et toute créature qui est dans le ciel et sur la terre et sous la terre et la mer, et ce qui est en elle. »

La louange est très présente dans les psaumes. Elle est, avec la supplication, l'attitude fondamentale du priant[1]. Louer Dieu, c'est proclamer la grandeur et les perfections

1. On trouvera une substantielle introduction à la prière des psaumes dans Paul BEAUCHAMP, *Psaumes nuit et jour*, Paris, Seuil, 1980. Édité aussi en livre de poche.

de son être, et rendre grâce. C'est proclamer les effets de son action, bienfaits personnels ou merveilles opérées dans l'histoire. La louange s'origine dans la connaissance de Dieu, au sens biblique du terme connaître, qui implique une expérience personnelle et le désir de l'amour. Elle provient de l'admiration devant la bonté de Dieu et surtout devant Dieu lui-même, qui donne à l'homme de le louer. Avant de demander, saint Augustin recommandait de louer car la louange est une preuve d'amour. Louer sera d'ailleurs notre seule occupation au ciel. La louange vocale, faut-il le préciser, est appelée à exprimer celle du cœur et s'accompagne de celle de l'action. C'est par tout notre être que nous louons Dieu. Saint Augustin écrivait encore : « La louange qui chante, c'est le chantre lui-même. Vous voulez dire à Dieu des louanges ? Soyez ce que vous dites. Vous êtes sa louange, si vous vivez bien » (Sermon 34, 6). Sans rien ajouter à l'être de Dieu, la louange dilate notre être.

La louange jaillissant du plus profond de l'âme souffrante est l'ultime parole de l'homme à Dieu, la seule qui soit à la hauteur. Frère Éloi Leclerc, franciscain, auteur du livre le plus connu sur François, *Sagesse d'un pauvre*, a plusieurs fois rapporté un événement qui l'a beaucoup marqué : le 26 avril 1945, avec d'autres frères franciscains déportés comme lui en Allemagne, ils sont transportés dans un train de marchandise d'un camp à l'autre. L'angoisse les étreint, avec l'impression d'être livrés à un destin aveugle et sauvage. Un des frères est à l'agonie et les autres entonnent alors, non pas une plainte désespérée, mais la louange du *Cantique de frère Soleil* : « Ce chant jaillit spontanément de notre nuit et de notre dénuement, comme le seul langage à la mesure de l'événement[1]. » Au bord du désespoir, ce chant murmurait l'espérance et rappelait la dignité de chacun, capable de faire monter un chant libre en des circonstances ténébreuses. Frère Éloi Leclerc poursuit : « Si étonnant que cela puisse paraître, il y a une expérience émerveillante du monde [...] qui ne peut être faite que dans un suprême dépouillement de l'âme et du corps. »

1. Éloi LECLERC, *Le Cantique des créatures ou les symboles de l'union*, Paris, Le Signe/Fayard, 1970, p. 269.

CHAPITRE 2

STIGMATES

En écho à ces propos de frère Éloi Leclerc, je me suis souvent interrogé sur l'existence d'un lien entre le *Cantique de frère Soleil* et un moment significatif vécu antérieurement par François sur le Mont Alverne, la réception des stigmates. Avec les stigmates, nous voyons les marques douloureuses des plaies de Jésus imprimées dans la chair de François ; avec le *Cantique* nous sommes témoins de l'expression d'une relation au monde créé, formulée avec audace. Le lien entre ces deux événements ne pourrait-il pas être formulé ainsi : François, identifié à ce moment de pauvreté et d'abandon vécu par Jésus sur la croix, entre dans une rencontre toute nouvelle avec le créé, concerné également par le salut apporté par Jésus.

Le mot « stigmate » fait partie de notre vocabulaire courant : on dit de quelqu'un qu'il porte sur son visage ou sur ses mains les « stigmates » de la pauvreté, de la souffrance ou d'un travail dur. Cela signifie que la pauvreté, la souffrance ou un travail pénible ont laissé des traces, des marques sur la peau. La création porte aujourd'hui, indubitablement, en divers lieux, les « stigmates » de l'exploitation excessive et de l'insouciance dévastatrice des hommes. De même parle-t-on de « stigmates » dans le cas de marques miraculeuses disposées aux mains, aux pieds et au côté de quelques-uns au fil des siècles, dont François semble être le premier. À première vue, le sujet est plutôt doloriste, voire relevant de la piété sanguinolente. Cependant, certains ont voulu voir dans les stigmates reçus par François d'Assise, le 17 septembre 1224, un événement hautement révélateur de la vie et de la mission du chrétien : être « une expression de l'amour du Crucifié ». Ces mots sont ceux d'un théologien suisse du XXe siècle, Hans Urs von Balthasar[1]. Que nous disent-ils de l'expérience de François ?

Progressivement, François a voulu mettre ses pas dans ceux de Jésus, mémorisant les paroles de l'Évangile et les mettant en pratique dans sa vie quotidienne.

---

1. Hans Urs VON BALTHASAR, *La Gloire et la Croix, Styles* 2, Ligugé, 1968, p. 247.

Il comprit que la pauvreté volontaire était le chemin emprunté par Jésus : pauvreté du Fils de Dieu venant dans la chair ; pauvreté du prédicateur itinérant en Palestine ; pauvreté du Fils priant le Père ; pauvreté de l'Homme compatissant envers toute forme de détresses ; pauvreté du Maître lavant les pieds de ses disciples ; pauvreté du Serviteur souffrant la mort de la croix. De même, François fut prédicateur itinérant, serviteur des lépreux, ermite fervent… Ces marques des clous imprimées dans la chair de François, nous pouvons les comprendre comme les signes – ou les sceaux – de la conformité de la vie de François avec celle de Jésus, qui consent à ce que toute souffrance devienne expression visible de l'Amour. Le même Balthasar écrit : « L'amour de l'homme amollit la cire du cœur, l'amour de Dieu y imprime son sceau[1]. » François a cherché à aimer et, dans une initiative gratuite, Dieu a comme confirmé cet amour par ces signes visibles. François reçoit les stigmates dans un moment d'extase, qui « n'est pas un survol ni un abandon du monde, mais l'ouverture du monde à Dieu ou, plus exactement, la manifestation du fait que le monde est déjà embrassé par Dieu[2] ».

1. *Ibid.*, p. 248.

2. *Ibid.*

Ces signes viennent mettre au jour une « manière franciscaine d'être au monde » par le langage de la chair, comme l'exprime le philosophe Emmanuel Falque[1]. La manière d'être chrétien au monde est extrêmement visible dans la vie de François. Il prend dans ses bras le lépreux, s'adresse aux animaux avec lesquels se développe un lien fraternel, prie dans les failles rocheuses, pleure devant la croix et, après la stigmatisation, dépossédé amoureusement, chante le *Cantique de frère Soleil* du créé réconcilié par la mort et la résurrection de Jésus. Dans ce mouvement de dépouillement, de la nudité en place d'Assise, lors de sa mise en cause pas son père, à la nudité de la mort qu'il appelle « notre sœur », la chair dans son épaisseur devient verbe, parole, langage qui se réjouit et s'émerveille. Les mots que François emploie dans ses louanges sont en fait le débordement expressif de ce que sa chair vit.

Les stigmates reçus en ce 17 septembre 1224 ont rendu possible le *Cantique de frère Soleil*. Identifié à Jésus en croix, François vit comme par anticipation la Résurrection, ou recréation, à l'œuvre dans tout le créé

1. Emmanuel Falque, « Saint François et saint Dominique : deux manières d'être chrétien au monde », in *Communio*, XIX, 3, mai-juin 1994, p. 68.

auquel il appartient, c'est-à-dire l'ouverture définitive du monde à Dieu. Emmanuel Falque commente :

> Condition de cette recréation, accepter d'être soi-même défait au double sens de la défaite militaire (de l'héroïsme du sujet face à la grandeur du Créateur) et de la déconstruction de soi-même (pour se laisser par un Autre reconstruire). Nul ne verra à proprement parler dans le soleil, le vent ou le feu un frère (ni dans la lune, l'eau ou la terre une sœur) s'il n'a lui-même fait l'expérience de renoncer à maîtriser le monde pour enfin s'efforcer de l'habiter[1].

Stigmatisé, François est cet homme défait pour être recréé ; dès lors, ses louanges consistent moins à regarder les créatures qu'à se laisser regarder par le Créateur et à voir le créé avec un regard nouveau, dans toute sa consistance. Avec les stigmates, Dieu s'enfonce et vient s'enfouir dans une chair humaine, chair configurée au Christ, chair qui dans son silence devient Parole et paroles de recréation. Ce lien entre les stigmates et le *Cantique de frère Soleil* est affirmé clairement :

> De la nudité d'Assise au *Cantique de frère Soleil*, l'expérience franciscaine de la chair – comme chair de l'homme ou chair du monde – passe peu à peu d'une

1. *Ibid.*, p. 67.

simple manière visible d'être au monde à l'expression tangible d'une épaisseur propre au créé. C'est dans ce passage que s'inscrit l'expérience des stigmates (1224), à laquelle vient puiser l'hymne de conversion qu'est le *Cantique des Créatures* (1225). Le monde ne retrouve en effet lui-même sa chair ou son épaisseur que lorsque la chair de François [...] se marque aussi de la chair du crucifié[1].

1. *Ibid.*, p. 68.

CHAPITRE 3
FRATERNITÉ

Première poésie en langue italienne, le *Cantique de frère Soleil* a frappé d'emblée par l'appellation « frère » et « sœur » accordée à divers éléments de la création. Après le livre de la Genèse qui donnait à l'homme le pouvoir de nommer les choses (Gn 2, 19-20), François fait un pas de plus : il ajoute une dimension relationnelle avec ces choses regardées dans leur consistance propre et en référence au Créateur, à qui s'adresse le *Cantique*.

François est souvent qualifié de « frère universel ». Ses écrits portent la plupart du temps la signature de « frère » François, voire de « petit frère ». C'est le mode de relation qu'il veut promouvoir car, écrit-il dans sa *Première Règle* à l'adresse de ceux qui le rejoindront, « vous êtes tous frères. Et refusez d'appeler quiconque père sur terre, car unique est votre Père qui est aux cieux » (1 Rg 22, 33-34). Il y a donc des frères et des sœurs parce qu'il y a un Père aimant exerçant une paternité universelle. Ce n'est pas un Premier Principe abstrait qui est cause de ce qui existe, mais un « Père saint et juste ».

François explicite la relation de fraternité entre les frères dans sa *Première Règle* :

> Qu'avec assurance, l'un manifeste à l'autre sa nécessité, afin que l'autre lui trouve et lui administre le nécessaire. Et que chacun chérisse et nourrissent son frère comme une mère chérit et nourrit son fils, dans ce dont Dieu leur fera la grâce. Et que celui qui mange ne juge pas celui qui ne mange pas, et qui ne mange pas ne juge pas celui qui mange (1 Rg 9, 9-11).

Ces trois petits versets sont d'une grande expressivité[1]. Pour qu'il y ait fraternité, la première attitude à cultiver est la capacité de manifester à l'autre sa nécessité, c'est-à-dire de s'ouvrir à l'autre de son besoin. Concrètement, j'accepte, en premier lieu, de me mettre en position de dépendre d'un autre à qui je fais confiance par rapport

---

1. Ce qui suit doit beaucoup à la lecture de l'article d'Ignace-Étienne MOTTE, « La vie fraternelle », in *La Spiritualité de François d'Assise*, Paris, Éditions franciscaines, 1991, p. 179-183.

à une demande. La deuxième attitude consiste à chérir et nourrir son frère « comme une mère » : il s'agit alors de répondre à un besoin et de donner « comme une mère » le ferait. La troisième attitude souligne la liberté qui doit exister entre les frères, ceux qui mangent et ceux qui ne mangent pas, les premiers n'ayant pas à juger les seconds et réciproquement. Brièvement, nous pouvons remarquer que la première attitude du demandeur rejoint une attitude filiale, comme celle du Fils qu'est Jésus. La deuxième attitude, celle du don, est paternelle « comme une mère », à la manière du Père du ciel. La troisième attitude, toute de liberté, évoque celle de l'Esprit Saint, communion d'amour du Père et du Fils. Avec ces quelques mots, nous percevons que François puise sa manière d'être fraternel dans sa contemplation de la vie trinitaire et des relations des personnes divines entre elles. La vie fraternelle, dès lors, est appelée à devenir une expression visible de la vie trinitaire.

D'ailleurs, dans son *Testament*, François qualifie les frères, ses premiers compagnons, de « dons » : « le Seigneur me donna des frères ! » Or nous savons que dans les années 1220, les divisions qui les séparent sont nombreuses. Entre les frères, ce n'était pas idyllique, chacun ayant ses fragilités, son besoin de briller ou de dominer, sa difficulté à ne pas être au centre des affaires... François n'est pas né « frère », mais il l'est devenu, au fil des conversions de l'orgueil et de l'égoïsme, au contact des autres, ces « frères » qu'il peut finalement regarder comme des dons et non comme des obstacles. Et François d'écrire alors cet appel plus fort que tout : « Celui qui bien loin de divorcer d'avec ses frères, préfère supporter leur hostilité, celui-là reste dans l'obéissance parfaite, celle qui va jusqu'à donner sa vie pour ses frères » (Adm 3). C'est dire la force du lien de fraternité, qui prend modèle sur l'obéissance de Jésus lors de sa Passion ! La communauté fraternelle n'est donc pas un groupe sans aspérités. Elle est davantage le lieu d'une conversion permanente dans l'ouverture à l'autre reçu comme un don. L'autre est un don car il nous fait grandir à la mesure de notre ouverture à lui.

Toutefois, si nous comprenons la dimension fraternelle appliquée à des personnes humaines, l'étendre à toute la création, animaux et végétaux, éléments animés et inanimés, est-ce raisonnable ? N'y a-t-il pas entre les êtres humains et le reste de la création un abîme infranchissable ? Il n'en est pas ainsi pour François : ni fossé, ni rupture n'ont lieu d'être. François n'envisage pas le rapport au créé en face-à-face, mais en côte à côte et en solidarité. François se comprend lui-même clairement, en effet, du côté du créé, dans une condition partagée de créature, et dans une référence commune à la paternité de Dieu à l'œuvre à l'égard de tous. Inversement, la confiance en Dieu conduit François à faire également confiance à tout ce qui est sorti de la main du Père, sans peur. Certes, les biographies parlent davantage de ses rencontres avec les animaux, mais les fleurs, les arbres et autres éléments ne sont pas oubliés. Thomas de Celano peut donc écrire : « Il appelait toutes les créatures du nom de frères et, d'une façon excellente et inédite chez tous les autres hommes, il apercevait par le regard du cœur les secrets des créatures, lui qui était déjà parvenu à la liberté de gloire des enfants de Dieu » (1 C 81). Il y a donc un « secret » que François semble avoir percé, en lien avec la « liberté des enfants de Dieu ». Notre troisième partie essaiera de lever un coin du voile.

Une dernière observation voudrait souligner un point généralement peu mis en valeur, celui de la « nécessité » de la fraternité avec les créatures, que François relie d'une manière originale avec l'indignité de l'homme dans la louange, indignité causée par le péché, qui a distendu les liens avec le Créateur. Dans le *Cantique*, une petite phrase mérite que l'on s'y arrête : après avoir exprimé que « les louanges, la gloire et l'honneur, et toute bénédiction » conviennent au Très-Haut, François ajoute que « nul homme n'est digne de te nommer ». Ces mots se trouvaient déjà dans la *Première Règle*: « nous ne sommes pas dignes de te nommer » car bien que créés à l'image et à la ressemblance de Dieu, « par notre faute nous sommes tombés » (1 Rg 23, 5). Si l'homme est disqualifié pour la louange, dès lors, qui pourra remplir cet office, si ce n'est le reste de la création ? C'est ce qu'affirme François : « Considère, ô homme, dans quelle excellence t'a placé le Seigneur Dieu : il t'a créé et formé à l'image de son Fils bien-aimé quant au corps et à sa ressemblance quant à l'esprit. Et toutes les créatures qui sont sous le ciel, chacune à sa façon, servent leur Créateur, le connaissent et lui obéissent mieux que toi » (Adm 5). La fraternité ne se justifie-t-elle pas par le fait que les autres créatures sont finalement les mieux placées pour louer Dieu ? S'inscrire dans une relation de fraternité avec elles, c'est s'insérer dans le mouvement de louange voulu par le Créateur, mouvement qui lui est dû. Cette idée est également suggérée par l'usage de la préposition *per* dans le *Cantique*, dont la traduction pose une difficulté : « Loué sois-tu, mon Seigneur, *per* sœur Lune et les étoiles. » La préposition peut avoir plusieurs sens, « par » ou « pour », entraînant différents niveaux de lecture. Loué soit le Seigneur, Créateur, « par » la lune qu'il a créée, ou « pour » avoir créé la lune ? Pour François, les créatures louent le Créateur, chacune à sa manière.

Ces créatures, dans le *Cantique*, sont au nombre de sept, trois entités célestes et quatre éléments primordiaux, le nombre parfait, comme les sept jours de la création. Et comme, « du concert des créatures, par sa faute, l'homme s'est exilé[1] », il importe que dans la relation de fraternité avec le créé l'homme mendie sa place dans le concert de la louange et de la reconnaissance. Ainsi la fraternité se confirme-t-elle comme acte d'humilité : dire à l'autre qu'il est nécessaire à ma propre vie.

1. Jacques Dalarun, *Le Cantique de frère Soleil. François d'Assise réconcilié, op. cit.*, p. 105.

CHAPITRE 4

MATERNITÉ

Outre l'expression d'une fraternité avec les trois créatures cosmiques que sont le soleil, la lune et les étoiles, et avec les quatre éléments sublunaires, l'air, le feu, l'eau et la terre, François précise que la terre est aussi « mère ».

La thématique maternelle est présente à plusieurs reprises dans les écrits de François. Pour qualifier la relation ordinaire entre les frères, François suggère, comme nous l'avons vu, que « chacun chérisse et nourrisse son frère comme une mère chérit et nourrit son fils, dans ce dont Dieu leur fera la grâce » (1 Rg 9, 11) ou encore que « partout où sont et où se rencontreront les frères, qu'ils se montrent de la même famille les uns envers les autres. Et qu'avec assurance l'un manifeste à l'autre sa nécessité, car, si une mère nourrit et chérit son fils charnel, avec combien plus d'affection chacun ne doit-il pas chérir et nourrir son frère spirituel» (2 Rg 6, 7-8). Pour exprimer le lien qu'il a avec frère Léon, son fidèle compagnon qui lui a demandé conseil, François écrit dans un billet conservé à Assise: «Mon fils, je te parle comme mère à son enfant». Et dans la *Règle des ermitages*, les rapports entre frères sont ainsi décrits: «Ceux qui veulent rester religieusement dans les lieux déserts, qu'ils soient trois frères ou quatre au plus; que deux d'entre eux soient les mères et aient deux fils ou un au moins. [...] Que les fils assument de temps en temps l'office des mères à leur tour, pour le temps qu'il leur aura paru bon de disposer.» Il s'agit bien sûr de rendre compte d'une dimension affective entre des personnes, mais aussi d'évoquer métaphoriquement la vie reçue et à transmettre selon des caractéristiques maternelles que décrit justement le *Cantique.*

«Loué sois-tu, mon Seigneur, par notre sœur mère Terre, laquelle nous sustente et gouverne et produit divers fruits avec les fleurs colorées et l'herbe.» Nous comprenons bien que la terre nous nourrit corporellement, en nous offrant les fruits, et sensiblement, par les fleurs pour notre agrément. Qu'elle nous gouverne, voilà qui est au premier abord plus mystérieux. À l'époque de

François, posséder la terre, c'est en retirer de la richesse et détenir un pouvoir. La terre est alors synonyme de domination. Vient ici un renversement, en affirmant que la terre nous « gouverne », au sens de « prendre soin ». Tel est le sens du mot *governare* dans l'italien des campagnes. Ce n'est donc plus l'homme qui utilise la terre, mais la terre qui s'occupe de l'homme, en lui procurant ce dont il a besoin, comme une mère soucieuse de la vie de celui qu'elle a engendré. Cette inversion implique une certaine forme d'obéissance de la part de l'homme. Cette obéissance ne nous est pas inconnue : lorsque nous semons carottes ou navets, nous ne pouvons pas tirer dessus pour qu'ils poussent plus vite. Bien sûr, arrosage et désherbage ne seront pas inutiles, mais la patience sera aussi de mise et il nous faudra bien obéir à la terre qui prend son temps pour faire advenir et « enfanter » fruits et légumes.

Mère, la terre est également « sœur » pour François, c'est-à-dire notre égale. Intéressante combinaison relationnelle qui met à jour le lien délicat que nous entretenons avec la terre, quand ses ressources sont consommées sans souci du temps laissé pour leur renouvellement ou de la nécessaire biodiversité, facteur d'équilibre. Associer dans le même temps un rapport d'égalité et de maternité-filiation propose comme un garde-fou entre la terre et l'humanité. Si nous sommes tentés de nous émanciper de la terre en dilapidant l'héritage, elle se rappelle à nous comme une sœur avec laquelle nous avons la vie en commun ; si nous l'exploitons outre mesure, elle se rappelle à nous comme une mère qui fait preuve d'affection, qui demande le respect et une inscription dans la temporalité. N'est-ce pas d'une étonnante actualité ?

Dans le livre de la Genèse, Dieu invitait l'humanité à « soumettre » la terre (Gn 1, 28). Ce mandat fut-il correctement compris ? Oui, semble-t-il, tant que l'homme n'avait que sa force physique et quelques machines « à taille humaine » pour faire fructifier les produits de la terre. Non, en revanche, à partir du moment où la force mécanique permit une exploitation sans limite des ressources, tel un pillage sans discernement, conscient ou non, au profit exclusif de l'humanité, ou plutôt d'une partie de l'humanité. Ce que nous oublions dans ce mandat, c'est son Auteur qui nous invite finalement à exercer la souveraineté à sa manière, non pas despotique, mais soucieuse de la vie à recevoir et à transmettre, et non à posséder égoïstement. Le théologien Romano Guardini avait bien raison de souligner vers 1950 que la difficulté est que « l'homme moderne n'a pas reçu l'éducation nécessaire pour faire un bon usage de son pouvoir[1] », éducation que la terre est à même de lui assurer, si l'homme accepte de quitter sa posture arrogante pour se laisser instruire par le créé.

L'insistance maternelle vient finalement souligner la dimension matricielle de la terre. Dans la vie de François, cela se manifesta par de fréquents séjours dans les grottes, anfractuosités profondes et enveloppantes, tel le ventre d'une mère : « le creux du rocher était son nid préféré », écrivait Thomas de Celano (1 C 71). Dès les débuts de sa conversion, non loin d'Assise, François s'y rendait afin de prier de longues heures. C'était le temps et le lieu du combat, dont il sortait épuisé, car dans les grottes, comme dans le fond de notre cœur, il nous faut descendre dans l'intime et l'inconnu, consentir aux peurs et à l'aridité, et nous laisser enfanter semblables et différents. L'ermitage des Carceri, à quelques kilomètres d'Assise au pied du mont Subasio, a gardé les traces des grottes où les premiers frères appréciaient de se réfugier dans la solitude. Le mont Alverne, enfin, où François reçut les stigmates en 1224, présente de vastes failles impressionnantes et grandioses. Synonymes de gestation, les grottes étaient pour François le lieu du retrait,

1. Romano GUARDINI, *La Fin des temps modernes*, Paris, Le Seuil, 1952, p. 92.

du recueillement et de ses projets, de sa vie en Dieu. Elles étaient aussi le signe des plaies de Jésus qu'il contemplait et dans lesquelles il souhaitait trouver refuge. La terre devient donc le lieu porteur où François se laisse enfanter à la vie d'amitié avec Dieu, dans le passage des ténèbres à la lumière.

Lorsque François voulut reconstituer les conditions dans lesquelles le Fils de Dieu est venu parmi nous, en créant la toute première crèche, il demanda et obtint que la fête de Noël soit célébrée dans une grotte. C'était à Greccio, entre Assise et Rome, en 1223, lieu devenu un nouveau Bethléem. On y apporta de la paille, un âne, un bœuf, une mangeoire. « Les bois retentissaient de chants et les montagnes en répercutaient les joyeux échos. Les frères chantaient les louanges du Seigneur et toute la nuit se passa dans la joie » (1 C 86). La création participait à la louange et s'offrait comme un berceau pour la mise au monde de Jésus, la Parole faite chair, venu pour tout réconcilier en Dieu. Nos crèches en sont des expressions d'autant plus réalistes qu'elles intègrent aux décors habituels les quatre éléments primordiaux repris par François dans le *Cantique* : la terre, l'air, l'eau et la lumière.

CHAPITRE 5
PARDON

Commencé dans le firmament, le *Cantique de frère Soleil* s'est déployé ici-bas et ainsi devait-il sans doute s'achever dans sa première rédaction. Les strophes suivantes semblent ajoutées au fil des événements : une dispute publique entre le podestat d'Assise – premier magistrat – et l'évêque de la cité, puis la proximité de la mort de François. Les mentions du pardon, de la maladie et des tribulations nous plongent dans les réalités de la vie de chacun. Ceci nous indique bien que François n'est pas un doux rêveur hors-sol, mais un homme qui a appris à s'émerveiller et à aspirer à des relations nouvelles entre les êtres. François voit plus loin, toujours plus loin, que les inévitables passions et divisions, en nous-mêmes et entre nous. Il voit plus haut que les querelles et les obstacles.

Dans la société médiévale, les dominants sont les guerriers, sûrs de leur force et, dans sa jeunesse, François aspirait à cette nouvelle condition, lui, le fils de marchand. La conversion le conduisit cependant à vivre un retournement de ces valeurs guerrières au profit de la reconnaissance de l'unique seigneurie du Christ. Dès lors, il chercha la paix en toutes circonstances. « Comme salutation, le Seigneur me révéla que nous devions dire : "Que le Seigneur te donne la paix" », écrit-il dans son *Testament*. La paix que François souhaite à chacun est un fruit de l'Esprit, le don de la vie éternelle anticipée ici-bas et la réconciliation en soi-même et avec les autres.

La strophe sur le pardon rappelle combien François a soif de sortir d'une logique de domination et d'intransigeance. Les éléments ont été créés pour le service de l'humanité, mais l'homme réduit « ces dons en source de profit et en instrument de pouvoir[1] ». Dès lors, l'indignité de l'homme appelait sa restauration, ce qui advint par l'Incarnation du Fils de Dieu et par sa Passion. Ces deux moments de la vie de Jésus mobilisaient tout entier le cœur et l'esprit de François au long des jours, lui

1. Jacques DALARUN, *Le Cantique de frère Soleil. François d'Assise réconcilié, op. cit.*, p. 121.

arrachant des larmes de compassion et de reconnaissance pour une si grande Œuvre, celle d'une recréation possible. Celle-ci s'exprime avec les mots « pardon », « amour » et « paix ». Derrière les mots de François, on perçoit la voix du Christ, instrument de cette rédemption, prononçant une nouvelle Béatitude à l'endroit de ceux qui supporteront les difficultés dans la paix. « C'est en fils, commente André Vauchez, c'est-à-dire en homme sauvé par le Christ et divinisé par l'Esprit, que François s'adresse au Père et peut joindre sa voix à la louange muette des créatures[1]. » Lui-même pardonné – et restauré dans son identité filiale – par la mort de Jésus, François peut appeler au pardon entre les personnes, manière de briser l'isolement et de favoriser la concorde, qui est l'harmonie des cœurs. Nulle vie n'est à l'abri des tensions, mais l'on peut choisir d'y garder et d'y mettre la paix.

« Loué sois-tu, mon Seigneur, par ceux qui pardonnent par ton amour et soutiennent maladies et tribulations. Bienheureux ceux qui les supporteront en paix, car par toi, Très-Haut, ils seront couronnés. » Amour et paix sont les moteurs de l'aventure de toute vie. Mais François sait le prix de cette aventure et l'exigence radicale qu'elle appelle, d'épreuves en épreuves, jusqu'à la rencontre ultime.

---

1. André VAUCHEZ, *François d'Assise*, Paris, Fayard, 2009, p. 406.

CHAPITRE 6

MORTALITÉ

Avant François, personne ne semble avoir parlé de la mort corporelle comme d'une « sœur ». François n'a plus peur de mourir. Il a apprivoisé ce moment singulier comme un temps de la vie, reconnaissable et finalement aimable. Il ne se comporte plus en propriétaire de son existence et ne craint donc pas qu'elle soit transformée. Il ne connaît plus l'attachement idolâtrique à ses projets ou à son propre corps. Il a conscience que la mort est le moment de pauvreté par excellence.

En affirmant que nul homme ne peut échapper à la mort, François ne cache pas son implacable nécessité, mais en la qualifiant de « sœur », il allie rencontre fraternelle et dure nécessité. Cette appellation révèle un consentement cordial à ce moment de l'accomplissement terrestre d'une existence. La mort est une réalité qui nous est étrangère, mais avec laquelle nous pouvons entretenir un lien de parenté.

C'est sur la terre, sœur et mère, que François demande à être étendu, nu, au moment de sa mort. La nudité est ici l'aveu de la désappropriation radicale à laquelle François est parvenu. Il s'est libéré de toute attitude possessive à l'égard de lui-même et des autres. Il vit ce qu'il a écrit aux frères dans sa *Lettre à tout l'Ordre*, en écho au mouvement de dessaisissement de Jésus dans son Incarnation, mouvement qui se poursuit dans l'Eucharistie : « Ne retenez pour vous rien de vous, afin que vous reçoive tout entier celui qui s'est donné à vous tout entier. » François est ici disponible à l'œuvre de Dieu en lui.

Ce moment de la mort est en fait capital : il n'est plus ici question d'avoir quelque chose, car la mort nous en dessaisit. À propos des gens avares, nous connaissons le proverbe : « Cela ne sert à rien de devenir un jour l'homme le plus riche du cimetière. » En effet, nous n'emportons pas l'argent ou tout autre avoir avec nous dans la tombe. La mort renvoie donc à un essentiel qui s'aborde les mains vides, pauvrement, l'être ouvert à l'Être, son Créateur, Rédempteur et Sauveur. La mort prépare une rencontre qui suppose d'avoir consenti au dessaisissement de tout ce qui pourrait l'entraver, la rencontre avec l'Amour en personne.

« La communion franciscaine à la nature est l'expression d'un profond dépouillement de soi », écrit frère Éloi Leclerc[1]. François ne se revendique plus aucune supériorité. Il « est » et entre en contact avec les éléments, tels qu'ils sont et ont été créés : le soleil réchauffe, mais il brûle aussi ; la terre porte des fruits, mais elle peut être dure encore... Il accepte de vivre dépouillé parmi ces éléments, soumis à eux.

Nous comprenons un peu plus au fil des pages que, pour François, il ne s'agit pas tant de trouver un domaine où s'installer et se comporter en propriétaire despote que d'instaurer un lien nouveau avec les autres et les éléments du créé. L'historien André Vauchez, spécialiste de l'époque médiévale, a trouvé les mots pour exprimer ces relations à restaurer et vécues de manière si originale par François d'Assise :

1. Éloi Leclerc, *Le Cantique des créatures ou les symboles de l'union, op. cit.*, p. 250.

Le rôle de l'homme n'est pas essentiel dans cette célébration du monde, car le monde a une telle consistance à ses yeux qu'il est capable de chanter tout seul la gloire de Dieu. Né de la terre et enveloppé du cosmos, l'être humain n'en est cependant ni le centre, ni le maître, même s'ils ont été faits pour lui. Ces réalités restent donc bien distinctes, ce qui exclut tout panthéisme, mais celles-ci peuvent se rejoindre dans une prière commune de louange adressée au Père dont l'amour les fait exister[1].

1. André VAUCHEZ, *François d'Assise*, *op. cit.*, p. 408-409.

PARTIE 2

LA CRÉATION PATERNELLE

Dans les pages précédentes, nous avons découvert le *Cantique de frère Soleil*, qui donne le ton des relations que François entretenait avec le créé. Sa suite de Jésus crucifié, confirmée par les stigmates, l'a conduit à la louange avec la création, en relation de fraternité et de maternité, revivifiée par le pardon et la paix. La louange est filiale car elle est tout entière exprimée par le Fils unique.

Voyons maintenant comment, dans les moments « ordinaires » de sa vie, François a vécu cette manière d'être en relation. Ces moments nous sont décrits dans les biographies. François, lui, n'en parle pas directement dans ses prières, règles et lettres, en dehors du *Cantique de frère Soleil* bien sûr, ce qui n'est pas rien.

Prenons donc la route – ou plutôt les sentiers – afin de suivre François. Restons à quelques pas de distance afin de ne rien manquer de ses rencontres, si singulières à chaque fois. Animaux, végétaux, créatures inanimées, sans cesse ils se croisent, au gré des marches ponctuées d'arrêts pour reprendre souffle ou tout simplement contempler. François a le temps, il apprécie de prendre son temps. Prenons-le avec lui.

CHAPITRE 7

LE SOLEIL, LES ÉTOILES ET LE FEU

Loué sois-tu, mon Seigneur, avec toutes tes créatures,
spécialement messire le frère Soleil,
lequel est jour, et tu nous illumines par lui.
Et lui, il est beau et rayonnant avec grande splendeur :
de toi, Très-Haut, il porte signification.
Loué sois-tu, mon Seigneur, par sœur Lune et les étoiles :
dans le ciel tu les as formées claires et précieuses et belles.

« Le matin, au lever du soleil, tout homme devrait louer Dieu qui l'a créé, car par lui, de jour, les yeux sont éclairés. Le soir, à la tombée de la nuit, tout homme devrait louer Dieu pour cette autre créature qu'est frère Feu, car par lui, de nuit, nos yeux sont éclairés » (CA 83). Par ces mots déjà cités, François s'inscrit dans l'alternance des jours et des nuits décrits par le livre de la Genèse au quatrième jour de la création: «*Dieu fit les deux grands luminaires: le plus grand pour commander au jour, le plus petit pour commander à la nuit; il fit aussi les étoiles. Dieu les plaça au firmament du ciel pour éclairer la terre, pour commander au jour et à la nuit, pour séparer la lumière des ténèbres. Et Dieu vit que cela était bon. Il y eut un soir, il y eut un matin: quatrième jour*» (Gn 1, 16-19). Cette alternance du jour et de la nuit a été précédée par la création de la lumière: la lumière physique du quatrième jour a été précédée, le premier jour, d'une autre lumière, qui met fin aux ténèbres et peut être vue comme la source et le fondement de toute connaissance. Alors, le sens de la vie sera de retrouver la lumière originelle qui éclaire toute la création. «Le premier mot de la Bible contient aussi le dernier mot de l'aventure humaine[1].» À l'autre bout de la Bible, au terme de l'histoire, la nouvelle création aura Dieu pour lumière (Ap 21, 5.23). Entre ces deux extrémités de l'Écriture se vit le conflit entre la lumière et les ténèbres, entre la vie et la mort. En évoquant «messire frère Soleil» et «frère feu», François souligne que les ténèbres n'ont pas

1. Josy EISENBERG, Armand ABÉCASSIS, *À Bible ouverte*, Paris, Albin Michel, 1978, p. 71.

le dernier mot, car en toutes circonstances « nos yeux sont éclairés » et nous ne sommes pas donc pas laissés à la seule domination des ténèbres. Il est à noter que François ne distingue pas la dimension spirituelle de la dimension physique. Il ne les confond pas non plus, mais la seconde est symbolique de la première.

Dans le *Cantique*, le soleil est un « frère », mais aussi un « messire », titre donné à quelqu'un de noble ou de hautes qualités. C'est donc une parole de révérence que François exprime en désignant celui qui est le symbole signifiant de la souveraineté du Très Haut, Dieu créateur, à qui il s'adresse. Le soleil n'est pas Dieu, mais il en est un symbole, au sens d'une image qui évoque une réalité d'un autre ordre. Au cœur de cette évocation du soleil se trouve le thème de la lumière, celle du jour, celle qui illumine. Notre frère capucin Dominique Gagnan explique :

> Élément le plus fondamental de la vision, structure des formes et des couleurs, mesure de l'intensité de leur manifestation, la lumière parcourt l'être même des choses et les rend palpables à distance dans le silence de l'âme. Similitude la plus parfaite du geste créateur qui manifeste tout être, son jeu demeure un archétype fondamental pour l'homme qui quête le point de convergence du réel[1].

1. Dominique GAGNAN, « Le solitaire », in *Études franciscaines*, tome XXI, n° 59, 3e trimestre 1971, p. 364.

Nous comprenons que François commence sa louange par le soleil, source et lumière, si propre à évoquer la figure du Père, mais pas seulement. En effet, François décrit ainsi les qualités du soleil : « beau et rayonnant d'une grande splendeur ». Dès lors, ne pouvons-nous pas affirmer que « la lumière est cette force du Père, vivante dans le Fils[1] » ? C'est-à-dire rayonnante dans le Verbe incarné, Jésus, visage du Père.

Dans ses *Louanges de Dieu*, par deux fois, François s'adresse ainsi à Dieu : « Tu es beauté. » Dans le *Cantique*, l'adjectif « beau » est employé à trois reprises, toujours en référence à un élément lumineux. Le soleil qui est « beau » renvoie à la lumière invisible en tant que Dieu Trinité, Père, Fils et Saint-Esprit, et le rayonnement qui éclaire toute réalité est possible dans le Verbe de Dieu, visage ou splendeur du Père. Dieu étant Père des lumières, explique l'historien de l'art Erwin Panofsky,

> c'est tout l'univers matériel qui devient une grande lumière, composée d'une infinité de petites lumières, qui sont comme autant de lanternes, chaque chose perceptible, qu'elle soit l'œuvre de l'homme ou naturelle, devient un symbole de ce qui n'est pas perceptible, une marche

1. Dominique GAGNAN, « Le bâtisseur », in *Études franciscaines*, tome XX, n° 55-56, 3e et 4e trimestre 1970, p. 376.

> pour l'ascension vers le ciel; l'esprit humain, lorsqu'il s'abandonne à l'harmonie et au rayonnement qui sont le critère de la beauté terrestre, se sent lui-même guidé vers la cause transcendante de cette harmonie et ce rayonnement qui est Dieu[1].

Ainsi, toute la création est resplendissement et expression de la présence et de la beauté de Dieu, et les éléments deviennent les uns pour les autres comme des « lanternes » s'éclairant mutuellement. Thomas de Celano souligne d'ailleurs que « très souvent en vérité, cette contemplation le remplissait d'une joie étonnante et ineffable, quand il regardait le soleil, quand il apercevait la lune, quand il observait les étoiles et le firmament. Ô piété simple, ô pieuse simplicité ! » (1 C 80). Effectivement, la simplicité, opposée au multiple, énonce l'unité entre les éléments du fait d'une source unique, et la piété « indique notre appartenance à Dieu et notre lien profond avec lui, un lien qui donne sens à toute notre vie[2] ».

L'enjeu est bien ici celui du regard porté sur le créé, sur les choses qui nous entourent. À son invitation à

---

1. Erwin Panofsky, *Architecture gothique et pensée scolastique*, Paris, Éditions de Minuit, 1967, p. 40.

2. Pape François, audience générale du 4 juin 2014 sur le don de piété.

louer Dieu le jour pour le soleil et la nuit pour le feu, François ajoutait : « Nous sommes tous comme des aveugles et c'est par ces deux créatures que le Seigneur éclaire nos yeux. Aussi, pour celles-ci et pour toutes ses autres créatures dont nous usons chaque jour, devons-nous toujours louer particulièrement le glorieux Créateur lui-même » (CA 83). Nous avons là un thème très présent dans les écrits de François : l'invitation à reconnaître Dieu comme le Bien suprême, le Créateur de tous les biens et de qui vient tout bien. Par exemple, dans sa *Première Règle* de 1221, lisons-nous :

> Et tous les biens, rendons-les au Seigneur Dieu très haut et souverain, et reconnaissons que tous les biens sont à lui et rendons-lui grâce de tout, à lui dont tous les biens procèdent. Et lui, très haut et souverain, seul vrai Dieu, qu'il ait et que lui soient rendus et qu'il reçoive tous les honneurs et révérences, toutes les louanges et bénédictions, toutes les grâces et toute gloire, lui à qui est tout bien, qui seul est bon (1 Rg 17, 17-18).

Puisque François associe le feu au soleil, évoquons maintenant cet élément si présent à différentes reprises dans sa vie. En effet, entre toutes les créatures insensibles, il avait une particulière affection pour le feu, à cause de sa beauté et son utilité. Ceci se manifestait dans un respect qui ne lasse pas de nous étonner, comme ce jour, où assis à côté du feu, à son insu, ses caleçons s'enflammèrent. Un frère s'élança en voulant l'éteindre, mais François lui dit : « Très cher frère, ne fais pas de mal à frère Feu ! » (CA 86, LP 49). Il fallut l'intervention du supérieur pour étouffer le feu. De même, il ne voulait pas qu'on éteigne chandelle, lampe ou feu, « tant il était ému de piété et d'affection envers le feu » (CA 86, LP 49).

Cette affection apparaît réciproque dans un récit rapporté dans diverses biographies. Il s'agit de la séance de cautérisation rendue nécessaire par la maladie des yeux qui faisait beaucoup souffrir François. Le médecin approche le tison qu'il vient de laisser bien chauffer dans le feu afin de cautériser sa plaie purulente. Les frères autour sont effrayés, mais François prend la parole « pour réconforter son esprit afin qu'il ne s'effraie pas » (CA 86, LP 48) et s'adresse au feu : « Mon frère Feu, d'une beauté que devraient t'envier toutes les autres choses, le Très-Haut t'a créé puissant, beau et utile. Sois-moi propice en cette heure, sois courtois, car autrefois je t'ai aimé dans le Seigneur » (2 C 166). Nous reconnaissons les termes du *Cantique* avec les mots « beauté » et « beau », voire « puissant ». Dans une autre version du même récit, l'adjectif « noble » est aussi employé. Après la reconnaissance des qualités du feu, créature éminente, et l'appel à la courtoisie, vient la prière : « Je prie le grand Seigneur qui t'a créé qu'il tempère à présent ta chaleur, pour que je puisse la supporter suavement quand elle me brûlera » (2 C 166). Cette prière n'est pas celle de la peur, mais d'une amitié faite d'un attrait puissant et d'un respect absolu. Les frères quittent la pièce, s'enfuient, serait-il plus juste de dire. Alors le médecin « enfonce le fer crépitant dans la chair tendre et on applique le cautère en le faisant glisser tout doucement de l'oreille jusqu'au sourcil » (2 C 166). La cautérisation fut ample, s'étendant de l'oreille jusqu'au sourcil de l'œil, à cause de l'abondante humeur qui, chaque jour et depuis des années, coulait jour et nuit en ses yeux. Nous imaginons la douleur et l'odeur tenace de chair brûlée. François, quant à lui, reprend ses compagnons qui viennent aux nouvelles : « Hommes peureux et de peu de cœur, pourquoi avez-vous fui ? En vérité, je vous le dis : je n'ai pas senti la brûlure du feu ni la moindre douleur dans la chair » (2 C 166). Puis, s'étant tourné vers le médecin, il dit : « Si la chair n'est pas cuite à point, imprime le cautère à nouveau[1] ! »

1. Réminiscence des paroles humoristiques prêtées à saint Laurent, subissant le martyre du gril.

Thomas de Celano résume la situation en affirmant que toutes les créatures s'efforcent « de rendre au saint l'amour qu'il leur porte et de lui répondre comme il le mérite par leur reconnaissance. Elles sourient à celui qui les caresse, acquiescent à celui qui les prie, obéissent à celui qui leur donne des ordres » (2 C 166).

CHAPITRE 8

L'OISEAU

Autre connivence, celle qui se réalise avec les oiseaux de toutes sortes : colombes, corneilles, moineaux, hirondelles, faucons, poules d'eau, tourterelles, rossignols, faisans, alouettes, canards, rouges-gorges, cigales... Les biographies rapportent de nombreuses rencontres. Elles ont tellement marqué les esprits que les artistes de toutes les époques les ont représentées. Nous pensons à un Giotto peignant François parlant aux oiseaux, dans la basilique supérieure d'Assise, vers la fin du XIIIe siècle. Entre François, son compagnon et les oiseaux se découvre un espace, lieu de résonance des chants d'oiseaux et des paroles du saint. Giotto nous fait « entendre » par l'image ce que nos oreilles ne peuvent percevoir. Plus près de nous, Franz Liszt composa sur ce thème, en 1863, une œuvre pour piano et, entre 1975 et 1983, Olivier Messiaen créa un opéra dédié au saint d'Assise dans lequel les oiseaux sont omniprésents : une trentaine de chants d'oiseaux sont interprétés par divers instruments. Au théâtre, dès les années 1960, Joseph Delteil jubilait : « Oiseaux, copeaux de vie envolée de la varlope du Charpentier du monde, parcelles de substance aristocratique, molécules d'être, points d'espace, pollens vivants, véhicules des germes et des causes, lignes d'anges, chœurs de cœurs, je vous ai, oiseaux, appelés "mes frères" dans la plénitude de la fraternité[1]. » Un monde sans oiseaux serait une chose bien triste ! Les ornithologues ne seraient pas les seuls orphelins dans ce monde privé de chants, de roulades, de trilles et de toutes ces figures incroyablement variées qui sortent de la gorge des oiseaux, quels qu'ils soient !

Lecteurs du XXIe siècle, écoutons cette histoire avec simplicité et bienveillance. Elle a marqué les contemporains de François, il se pourrait qu'elle nous marque aussi, profondément, joyeusement, simplement ! Nous avons à notre disposition pas moins de six versions

1. Joseph DELTEIL, « François d'Assise », in *L'avant-scène théâtre*, juin 2018, n° 1443, p. 24.

écrites de la prédication de François aux oiseaux, un record ! Voyant une multitude d'oiseaux, François court vers eux, abandonnant ses compagnons sur le chemin. Premier miracle, premier émerveillement de François : les oiseaux ne s'envolent pas, effrayés par cette arrivée humaine. Tout à sa joie, il commence à leur parler :

> Mes frères les oiseaux, vous devez beaucoup louer votre Créateur et l'aimer toujours, lui qui vous a donné des plumes pour vous revêtir, des pennes pour voler et tout ce dont vous avez eu besoin. Dieu vous a rendus nobles parmi ses créatures et il vous a accordé d'habiter dans la pureté de l'air ; car comme vous ne semez ni ne moissonnez, lui-même ne vous en protège et gouverne pas moins, sans que vous vous en souciiez le moins du monde (1 C 58).

Dans l'ultime version écrite et tirée des *Fioretti*, célèbres « petites fleurs » franciscaines datées du XIVe siècle, ce sermon devient :

> Vous êtes tenus à beaucoup envers Dieu, oiseaux mes frères, et vous devez toujours et partout le louer pour la liberté de voler partout que vous avez, pour votre vêtement double et triple, pour votre habit coloré et orné, pour la nourriture préparée sans votre travail, pour le chant que vous a octroyé le Créateur, pour votre nombre qui s'est multiplié par la bénédiction de Dieu, pour votre semence préservée par Dieu dans l'arche de Noé, pour

l'élément de l'air qui vous a été confié. Vous ne semez pas, vous ne moissonnez pas et Dieu vous nourrit ; il vous donne les fleuves et les sources pour boisson, les montagnes et les collines, les pierres et les rochers pour abri, les hauts arbres pour nid et, comme vous ne savez ni filer ni tisser, il vous offre tant à vous qu'à vos enfants le vêtement nécessaire. Le Créateur vous aime donc beaucoup, qui vous a conféré tant de bienfaits. C'est pourquoi prenez garde, vous mes petits oiseaux, de n'être pas ingrats, mais de toujours avoir soin de louer Dieu (Fior 16, 22-25).

L'invitation à la louange a de multiples causes « raisonnables ». Les oiseaux peuvent remercier le Créateur pour l'épaisseur de leurs plumes en guise de vêtements, l'aptitude à voler dans la pureté de l'air, la nourriture à portée de bec, le chant, la diversité des espèces, des abris nombreux... Que demander de plus, se dira-t-on ? Eh bien justement, conclut François : ne soyez pas ingrats, mais louez, louez toujours votre Créateur ! N'est-il pas bon, pour nous aussi, de réentendre cet appel à la gratitude[1] pour ce qui est, tout simplement, en référence au Donateur ?

Après ces paroles, « les petits oiseaux – à ce qu'il disait, lui et les frères qui s'étaient trouvés avec lui – exultèrent

1. Sur ce thème, on lira avec grand profit le livre de Pascal IDE, *Puissance de la gratitude. Vers la vraie joie*, Paris, Éditions de l'Emmanuel, 2017.

de façon étonnante, selon leur nature : ils commencèrent à allonger le cou, à étendre leurs ailes, à ouvrir le bec et à regarder vers lui. Mais lui, passant au milieu d'eux, allait et revenait, touchant leurs têtes et leurs corps de sa tunique. Enfin il les bénit et, après avoir fait un signe de croix, il leur donna congé de s'envoler pour aller dans un autre lieu » (1 C 58). Cette joyeuse allégresse s'exprime dans tous les récits : les oiseaux manifestent leur assentiment et leur compréhension des paroles de l'homme de Dieu, qui lui aussi se réjouit profondément, s'adressant même le reproche de n'avoir jamais pensé à s'adresser aux oiseaux auparavant ! François s'est approché des volatiles en homme de paix. L'ont-ils senti ainsi ? Certains iront même jusqu'à dire qu'il avait retrouvé son innocence originelle et ainsi la grâce de la simplicité, celle d'avant le péché qui a brouillé les cartes. De leur côté, les oiseaux n'en ont pas peur, et « la sécurité engendre la joie qui est l'état de grâce découlant de la paix retrouvée[1] ». C'est le délire, de part et d'autre.

La fascination des compagnons de François pour ces récits de paroles adressées aux oiseaux de toutes plumes, sans doute racontées de nombreuses fois du vivant

1. Richard Bergeron, « Frère François et ses frères, les animaux. Évocations », in *Théologiques* 10/1 (2002), p. 119.

même du saint, est étonnante. Les interprétations sont sans doute inépuisables. François se réjouit en compagnie des oiseaux pour la beauté de leur plumage et de leur chant, mais aussi pour leurs qualités de simplicité, de gaieté, de légèreté, de liberté. Ils sont chanceux, leur dit-il en substance, tant le Créateur prend soin d'eux et les a bien dotés. D'ailleurs, Jésus les a cités en exemples à ses disciples : « *Regardez les oiseaux du ciel : ils ne font ni semailles ni moisson, ils n'amassent pas dans des greniers, et votre Père céleste les nourrit. Vous-mêmes, ne valez-vous pas beaucoup plus qu'eux ?* » (Mt 6, 26). Cependant, n'y a-t-il pas aussi une pointe d'envie de la part de François ? Les oiseaux ne représentent-ils pas ce qu'il souhaiterait être : entièrement remis entre les mains de la Providence, entre ciel et terre, reconnaissant de toutes les fibres de son cœur ? Par ailleurs, ces oiseaux qui chantent ensemble et s'envolent dans le monde ne représentent-ils pas les frères qui prient et annoncent l'Évangile ? Enfin, ne sont-ils pas l'image de l'âme capable d'être en Dieu et d'y demeurer, comme l'oiseau dans son nid ?

En d'autres occasions, les rencontres sont moins idylliques et François doit demander le silence pour parler ou prier. Alors que les personnes présentes sont silencieuses, une bande d'hirondelles se tient là, faisant grand vacarme. François les interrompt : « Mes sœurs les hirondelles, maintenant il est temps que je parle moi aussi, car vous, vous avez assez parlé jusqu'à présent. Écoutez la parole du Seigneur, faites silence et tenez-vous tranquilles jusqu'à ce que la parole du Seigneur soit achevée ! » (1 C 59). Ailleurs, entendant de nombreux chants d'oiseaux, François s'arrête et dit à ses frères : « Nos frères les oiseaux louent leur Créateur ; nous aussi, allant au milieu d'eux, chantons au Seigneur les louanges et les heures canoniques. » Mais, comme les frères ne s'entendent pas chanter entre eux, François demande : « Mes frères les oiseaux, cessez votre chant jusqu'à ce que nous acquittions les louanges dues à Dieu ! » (LM 8, 9). Dans les deux cas, les oiseaux se taisent et attendent la permission de reprendre leur gazouillis. La relation, habituellement mutuelle et respectueuse entre l'homme de Dieu et les oiseaux, ne signifie pas pour autant la confusion dans le créé. « L'ordre naturel doit être assujetti à l'ordre de la grâce[1] », commente Richard Bergeron : les oiseaux doivent se taire pour écouter la parole de Dieu et la prière. Nous sommes étonnés de cet appel à l'obéissance de la part de François, lui qui demandait aux frères d'être soumis à toutes les créatures, et pour la bonne cause ! « Cette soumission, explique encore Richard Bergeron, est l'exigence même de la véritable obéissance qui “confond toute volonté propre et tient le

1. *Ibid.*, p. 121.

corps mortifié pour qu'il obéisse à l'esprit" (*Salutations des vertus*, 14-15). Aussi longtemps que l'homme n'est pas encore entré dans l'obéissance, il doit rester soumis à toute créature ; ce n'est qu'une fois devenu obéissant qu'il devient maître du monde et qu'il peut commander aux créatures tout en leur restant soumis[1]. »

La parole adressée aux oiseaux fut même, en une occasion, l'expression d'un vif reproche adressé aux hommes après une prédication infructueuse : venu à Rome et ayant prêché sans succès, François quitta la Ville éternelle et s'adressa finalement aux oiseaux qui, eux, burent ses paroles pendant de longues heures. Avertis du miracle, des Romains firent revenir François et l'écoutèrent.

Terminons par l'affection particulière de François pour les alouettes. Pourquoi donc ?

> Sœur Alouette a un capuchon comme les religieux et c'est un oiseau humble, qui va volontiers par les chemins pour trouver quelques grains de blé. Et même si elle en trouve parmi le crottin des animaux, pourtant elle les retire et les mange. Tout en volant, elle loue le Seigneur[2], comme les bons religieux qui méprisent les choses terrestres et dont la vie est toujours dans le ciel. En outre son vêtement

1. *Ibid.*

2. Un probable jeu de mots sous-tend tout ce passage : l'« alouette » (« *lauda* ») évoque le fait de « louer » (« *laudat* »).

> – c'est-à-dire son plumage – est couleur de terre ; elle donne ainsi un exemple aux religieux, qui doivent avoir des vêtements non pas colorés et délicats, mais pour ainsi dire ternes comme la terre (CA 14).

L'alouette est le symbole du frère mineur, dont l'habit est couleur de la terre (*humus*), en signe d'humilité. À la mort de François, d'ailleurs, les alouettes qui sont amies de la lumière vinrent pourtant au crépuscule, « en grande multitude au-dessus du toit de la maison et, tournoyant longtemps avec une jubilation insolite, elles rendaient un témoignage aussi joyeux qu'évident à la gloire du saint qui avait eu coutume de les inviter à la louange divine » (LM 14, 6).

Nous sommes témoins ici de l'émerveillement de François devant la réalité sensible et la beauté des oiseaux auxquels il prête une attention nouvelle. Dans ces rencontres s'exprime une vigilance à la singularité des choses, perçues en relation avec leur origine, comme si la multiplicité des oiseaux et de leurs variétés n'effaçait pas leur unité profonde. Car ils sont issus du même Créateur qui prend soin d'eux, à la manière d'une mère, et à qui est due toute louange.

CHAPITRE 9

L'AGNEAU

Imaginons maintenant François qui prend congé des oiseaux et se dirige dans le pré voisin vers des moutons, des brebis et des agneaux. C'était, paraît-il, la fête ! Saint Bonaventure raconte :

> Faisant route en effet près de la cité de Sienne, il trouva dans les pâturages un grand troupeau de moutons. Comme il les avait salués, ainsi qu'il en avait l'habitude, ayant laissé leur pâture ils coururent tous vers lui et, levant leur tête, se tournaient vers lui de leurs yeux écarquillés. Ils lui firent une si grande fête que les pasteurs étaient dans l'admiration, les frères aussi, voyant autour de lui que tant les agneaux des brebis que les boucs eux-mêmes exultaient ainsi merveilleusement (LM 8, 7).

L'affection de François pour les agneaux a une explication, donnée également par saint Bonaventure : « Il embrassait de plus de tendresse et de douceur [les créatures] qui mettent en avant par une ressemblance naturelle et figurent par une signification de l'Écriture la pieuse mansuétude du Christ. Fréquemment il racheta des agneaux qui étaient conduits à la mort, se souvenant de cet Agneau très doux qui voulut être conduit à la mort pour racheter les pécheurs » (LM 8, 6). L'agneau évoque le serviteur souffrant du livre d'Isaïe (Is 53, 7), préfiguration de Jésus, doux et humble de cœur, arrêté puis conduit à la mort par amour des pêcheurs. Thomas de Celano avait lui aussi remarqué que « dans les saintes Écritures, c'est à l'agneau qu'est plus souvent assimilée et plus adéquatement comparée l'humilité de notre Seigneur Jésus Christ. De même, tout objet dans lequel on pouvait particulièrement trouver une ressemblance allégorique avec le Fils de Dieu, [François] l'embrassait plus pieusement et avait plus de plaisir à le regarder » (1 C 77).

Cette attention pour les agneaux est encore associée à la manière dont Jésus, sans péché, vécut sur terre, parmi les pécheurs : voyant une brebis seule parmi chèvres et boucs,

> François fit halte *et, touché au cœur d'une douleur intérieure,* gémissant à voix haute, il dit au frère qui

l'accompagnait : « Est-ce que tu ne remarques pas cette brebis qui marche, si douce, au milieu des chèvres et des boucs[1] ? C'est ainsi, je te le dis, que notre Seigneur Jésus Christ marchait ***doux et humble*** au milieu des pharisiens et des chefs des prêtres. C'est pourquoi je te le demande, fils, par charité pour Lui, compatis avec moi en faveur de cette petite brebis, payons-la et *retirons*-la ***d'au milieu*** de ces chèvres et boucs ! » (1 C 77).

La scène émeut profondément François et, miséricordieux, il entend retirer la brebis de cette situation dangereuse voire fatale. Le sens de ce rachat est expliqué par François lui-même lorsqu'il remet à l'évêque de la ville voisine la brebis ainsi sauvée : « Une fois que le serviteur du Christ lui eut retracé la longue parabole à propos de la brebis, touché au cœur de componction, l'évêque rendit grâce à Dieu sur la pureté de l'homme de Dieu » (1 C 78). Nous pouvons penser à la parabole de la brebis perdue en Matthieu et Luc, où le « bon » berger laisse ses quatre-vingt-dix-neuf brebis pour aller chercher la centième qui s'est égarée. La finale de cette parabole, en Matthieu, insiste sur la bonté du Père voulant sauveur chacun : « *Votre Père qui est aux cieux ne veut pas qu'un seul de ces petits soit perdu* » (Mt 18, 14). Luc, quant à

1. Voir Mt 25, 32-33.

lui, insiste sur la conversion du pécheur : « *Il y aura de la joie dans le ciel pour un seul pécheur qui se convertit, plus que pour quatre-vingt-dix-neuf justes qui n'ont pas besoin de conversion* » (Lc 15, 7). François est donc touché au cœur, non seulement parce que l'agneau lui rappelle symboliquement le Fils de Dieu en son humilité, mais aussi parce que, comme le bon berger, à la manière du Christ, lui, François, peut prendre soin de la brebis égarée.

Un dernier fait peut être rapporté à propos des agneaux.

> Comme le serviteur du Très-Haut était hébergé une nuit au monastère de San Verecondo, dans le diocèse de Gubbio [en Ombrie, non loin d'Assise], une petite brebis, cette nuit-là, mit bas un petit agneau. Il y avait là une truie très cruelle qui, au lieu d'épargner la vie d'un innocent, le mit à mort en le mordant voracement. En se levant au matin, les hommes trouvent le petit agneau mort et reconnaissent, comme c'était vraiment le cas, que la truie est coupable de ce méfait. Entendant cela, le pieux père s'émeut d'une admirable compassion ; se rappelant un autre Agneau, il se lamente sur la mort du petit agneau, disant devant tous : « Hélas, frère Agnelet, innocent animal qui présente toujours un spectacle utile aux hommes ! Maudite soit l'impie qui t'a fait périr ! Que personne ne mange d'elle, homme ou bête ! » Chose admirable à dire : aussitôt la truie malfaisante tomba malade et, au bout de

> trois jours de tourments en guise de châtiment, elle subit enfin une mort vengeresse. Elle fut rejetée sur un pieu du monastère ; gisant longtemps là, elle se dessécha à la manière d'une planche, sans être la proie d'aucun être affamé (2 C 111).

Nous étions jusque-là témoins de l'affection généreuse de François pour toutes les créatures, et voilà que nous le découvrons intraitable avec la truie coupable du meurtre du petit agneau. L'agneau innocent fut considéré par François comme le Christ innocent allant à la croix, et la truie comme l'incarnation du mal qu'il convenait de châtier. À la manière des saints de la littérature hagiographique, au pouvoir étendu sur la création, François prononce une sentence de mort assortie d'une inutilité définitive, puisque sa chair se dessécha, sans être consommée. Cet épisode, et peut-être d'autres, suscita une méfiance rapportée dans une compilation franciscaine du XIVe siècle : « Comme saint François allait au-delà de la clôture pour prier, certains bergers disaient à son sujet : "C'est lui qui enchante les bœufs et qui les fait mourir !" car il y avait alors une épidémie de peste bovine. Et pour cette raison, ces garnements lui lançaient des pierres. »

Nous voilà devant l'obligation de ne pas approcher ou comprendre François de manière mièvre ou naïve. L'historien André Vauchez écrit :

Il y avait des bêtes qu'il aimait beaucoup et d'autres qu'il aimait moins, comme les souris et les mouches, qui le firent tant souffrir quand il était malade et alité, à la fin de son existence : il n'avait pas de haine contre elles – s'il lui arrivait bien de qualifier de « frères mouches » les religieux enclins à l'oisiveté, ce qui n'était certainement pas un compliment dans sa bouche –, mais il ne pouvait s'empêcher de les considérer comme des instruments du diable. En effet, sa sensibilité à l'égard de la nature, comme celle de ses contemporains, était influencée par une grille de lecture qui relevait d'une longue tradition culturelle et religieuse, enrichie de sa propre sensibilité : [...] les animaux mentionnés dans la Bible, surtout ceux qui évoquaient le Christ, retenaient particulièrement son attention et il éprouvait pour eux des sentiments de compassion, voire de tristesse au spectacle de leur liberté perdue ou du destin cruel qui les attendait : ainsi, il faisait attention à ne pas marcher sur les vers de terre, figures de l'humilité s'il en est, en souvenir du passage du psaume qu'il récitait dans la prière liturgique : « Je suis un ver pas un homme » (Ps 21, 7) ; à plusieurs reprises il rachetait à des bergers des moutons qu'ils conduisaient à la boucherie, ce qui évoquait pour lui l'égorgement de l'Agneau de Dieu[1].

1. André VAUCHEZ, *François d'Assise*, *op. cit.*, p. 396-397.

Le florilège des rencontres de François avec des éléments de la création pourrait continuer. Il ramassait les vers de terre sur les routes et les cachait en lieu sûr pour qu'ils ne soient pas écrasés sous les pas des passants. En hiver, de peur que les abeilles ne meurent, il leur faisait porter du miel ou du vin. Il libéra aussi un levraut pris au collet, près de Greccio, qui finalement s'attacha à lui. La même chose survint avec un lapin alors qu'il se trouvait sur l'île du lac de Pérouse. Recevant un jour un poisson attrapé sur le lac de Rieti, François se mit à l'appeler du nom de frère ; et le rejetant à l'eau hors de la barque, il commença à bénir le nom du Seigneur. Sur les rochers, il marchait avec respect, par égard pour celui qui est appelé le Rocher.

La grille de lecture qui guide l'action de François est plurielle. Il est tributaire du symbolisme en vigueur à son époque, voyant dans des éléments du créé des évocations religieuses. Cette attitude est enrichie par la sensibilité personnelle de François, qui le rend attentif au bien des créatures et à leurs besoins. François est également sensible au « statut social » des animaux ; par exemple, à la fin de sa vie, affaibli et stigmatisé, il refusa de monter un cheval, mais préféra un âne, en souvenir de l'entrée de Jésus à Jérusalem. Le crime commis par la truie a été d'empêcher un innocent de vivre : en agissant ainsi, elle contrevenait à l'ordre de la création et par là s'est coupée elle-même « de la communion avec le Créateur et ses créatures[1] ». Elle s'est mise en dehors de la circulation de la vie et s'en est donc exclue d'elle-même.

1. François DELMAS-GOYON, « La fraternité universelle de François d'Assise », in *Études franciscaines*, n.s., 10, 2017, p. 221.

CHAPITRE 10

LA FLEUR

Dans cette création au sein de laquelle François cheminait, évoquons maintenant les fleurs. Avec elles, nous passons du règne animal au règne végétal et nous serons sans doute surpris de voir que l'affection et la reconnaissance de François semblent ne pas connaître de frontière.

Les fleurs sont mentionnées dans le *Cantique de frère Soleil*, à propos de la terre : « Loué sois-tu, mon Seigneur, par notre sœur mère Terre laquelle nous sustente et gouverne et produit divers fruits avec les fleurs colorées et l'herbe. » Les fleurs sont associées à la variété des couleurs et, plus largement, Thomas de Celano raconte :

> Quelle gaieté penses-tu que la belle apparence des fleurs introduisait dans son esprit, tandis qu'il apercevait leur

forme gracieuse et sentait à l'avance leur odeur suave? Aussitôt il tournait les yeux vers la beauté de cette fleur qui, lumineuse en la saison du printemps, sortit de la racine de Jessé et ressuscita par son odeur d'innombrables milliers de morts. Lorsqu'il trouvait une abondance de fleurs, il leur prêchait et les incitait à la louange du Seigneur comme si elles étaient douées de raison. De même, en sa très limpide pureté, il encourageait et exhortait aussi les moissons et les vignes, les pierres et les forêts, et tout ce qui fait la beauté des champs, l'eau courante des fontaines et la verdure des jardins, la terre et le feu, l'air et le vent à aimer Dieu et à mettre leur plaisir à lui obéir (1 C 81).

Nous pouvons être interrogés par ces attitudes de François, peu communes, avec des végétaux. Thomas de Celano dans l'extrait cité a, en fait, explicité autant qu'il le pouvait le sens de ces rencontres. Reprenons: « formes gracieuses » et « odeur suave » sont sources de joie dans le cœur de François. Grâce à elles, il est plus attentif à ce qu'évoque la fleur: ni plus ni moins que la Résurrection du Christ! En effet, au printemps, temps de la Passion et de la Résurrection, la fleur est belle et lumineuse à l'excès, symbole de la lumière de Pâques. De plus, la fleur est odoriférante, « parfum de vie » (2 Co 2, 16) de Celui qui, « sorti de la racine de Jessé », est ressuscité et sauve « d'innombrables milliers de morts ».

En présence de la diversité des fleurs, François les invite à la louange. Comment est-il possible que des êtres inanimés louent Dieu ? Du fait de leur sensibilité, nous pouvions comprendre que des animaux, tels les oiseaux, perçoivent quelque chose des paroles de François, mais là, avec les fleurs, cela paraît plus difficile à admettre. Et pourtant… François est attentif à la vie qui s'exprime dans ces éléments. Sa prédication met en valeur la vie qui les anime, et sa source, la bonté du Père, qui irrigue tout ce qui est. À ce titre (et il en est de même pour les pierres, les bois…), pour François, aucune créature n'est muette. Toutes, elles expriment le Père créateur et bon, et sont appelées à lui répondre, chacune à sa manière. Cette réponse, c'est d'aimer Dieu, chacun comme il peut et à sa place.

Dès lors, concrètement, cela donne une gestion du jardin bien particulière :

> Au frère qui préparait le bois pour le feu, il disait de ne pas couper tout l'arbre, mais de le couper de telle façon qu'une partie demeure et qu'une autre soit coupée – et il l'ordonna aussi à un frère qui demeurait dans le même lieu que lui. Au frère qui faisait le jardin, il disait aussi de ne pas cultiver tout le terrain du jardin seulement pour les plantes comestibles, mais de laisser une partie du terrain pour qu'elle produise des plantes sauvages qui, en leur temps, produiraient ses sœurs les fleurs. Il disait en outre

> que le frère jardinier devait faire d'une partie du jardin un beau jardinet, en y mettant et plantant toutes sortes de plantes grimpantes et toutes sortes de plantes qui produisent de belles fleurs, pour qu'en leur temps, elles invitent à la louange de Dieu tous ceux qui les verraient, car toute créature dit et proclame : « Dieu m'a faite pour toi, ô homme ! » (CA 88, LP 51).

Avec respect pour chaque élément du créé, François témoigne d'un grand sens de la vie, en permettant à l'arbre de repartir, et de la gratuité de la beauté, en laissant le temps à l'herbe et aux fleurs de donner le meilleur d'elles-mêmes et, ainsi, de proclamer la beauté du Père de toutes choses. Il n'y a pas que François qui prêche, la création « parle », elle aussi, au sens où elle « dit » Dieu, à sa manière, et invite à la louange. Dans le jardin de François, il y a à la fois la libre profusion du sol, mais aussi un « beau jardinet » ordonné où poussent ensemble « plantes grimpantes » et « belles fleurs ». Cet ordre rappelle la mission confiée à l'homme : être intendant de la création.

Cette mission, n'est-ce pas finalement les végétaux qui la révèlent le plus à l'homme ? En effet, dans les biographies, les végétaux exercent une triple fonction : « Satisfaire les besoins de l'homme, célébrer *en* et *par* leur être la bonté du Créateur et inviter les humains à la louange[1]. » Nous comprenons la première fonction : le bois permet de chauffer une pièce, les plantes comestibles nourrissent l'homme... La deuxième fonction est manifeste avec la fleur lumineuse et odoriférante « célébrant » son Créateur et le donnant à voir, réalité que nous expliciterons plus loin dans le livre. La troisième fonction, quant à elle, se laisse entrevoir dans la joie que procure à l'homme la vue des fleurs, mais aussi, en elle-même, la fleur éveille l'homme à la louange. En ses trois fonctions, la fleur « dit » à l'homme : « Dieu m'a faite pour toi, ô homme ! »

1. François DELMAS-GOYON, « La fraternité universelle de François d'Assise », *op. cit.*, p. 222.

CHAPITRE 11

L'EAU

Sans quitter d'une certaine manière le jardin, nous voilà en contact avec « sœur eau ». Dans le *Cantique de frère Soleil,* François la qualifie de « très utile et très humble, précieuse et chaste ». François mentionne des valeurs concrètes et symboliques attachées à la substance de l'eau. La délicatesse est requise pour approcher « sœur Eau ». Nous savons que l'eau est indispensable à notre survie, et qu'aujourd'hui elle peut devenir un enjeu de pouvoir entre pays, au nom de son utilité vitale. Cette utilité est cependant associée à d'autres valeurs, comme l'humilité. Jésus, peu de temps avant sa mort, a fait usage de l'eau en ce sens, lors du lavement des pieds de ses disciples, geste posé en guise d'exemple à reproduire : « *Vous m'appelez "Maître" et "Seigneur", et vous avez raison, car vraiment je le suis. Si donc moi, le Seigneur et le Maître, je vous ai lavé les pieds, vous aussi, vous devez vous laver les pieds les uns aux autres. C'est un exemple que je vous ai donné afin que vous fassiez, vous aussi, comme j'ai fait pour vous* » (Jn 13, 13-15). Ce sont d'ailleurs ces lignes de l'Évangile que François se fit relire au seuil de sa mort, à la Pontioncule, au bas de la ville d'Assise, le 3 octobre 1226. Il voulait alors rappeler à ses frères qu'il n'y a que l'humilité du serviteur qui permet d'imiter le Christ Jésus et d'être vraiment son disciple.

Communément, l'eau est associée à la vie : sans elle, la terre devient un désert aride où règnent la faim et la mort ; sans elle, nous ne pouvons pas nous maintenir en vie. Mais il y a aussi des eaux de mort, dévastatrices comme lors d'un tsunami ou d'une inondation qui engloutit tout sur son passage. Les eaux de la mer évoquent, dans la Bible, par leur agitation perpétuelle, l'inquiétude démoniaque ; les crues subites symbolisent le malheur qui s'abat sur l'homme à l'improviste. Pour François, toutefois, l'eau n'est pas menaçante ; elle est « précieuse » au sens d'un trésor, voire d'un trésor sacré, dont il faut prendre grand soin. Elle est également « chaste » : ce dernier attribut, plus inattendu, évoque ce qui est intègre et dans le don sans retenue. Ainsi, l'eau, précieuse, se donne sans réserve et donne la vie sans égoïsme. Elle vient restaurer toute la création, les personnes comme les terres. C'est le monde nouveau qui s'annonce ici. La mention de l'eau a pu être lue comme une allusion au rite du baptême qui purifie, régénère et reconduit dans la communion divine.

Comme autrefois, par la main de Moïse, Dieu avait fait jaillir l'eau du rocher pour étancher la soif de son peuple (Ex 17, 1-7), de même François, ayant obtenu un âne d'un paysan de la région où il se trouvait, exauça-t-il la prière de cet homme :

> Comme, en plein été, le paysan grimpait dans la montagne en suivant l'homme de Dieu, fatigué par l'escarpement et la longueur du chemin, avant de parvenir au lieu une soif ardente le fait défaillir et l'exténue. Il crie avec insistance après le saint et le supplie d'avoir pitié de lui ; il affirme qu'il meurt si on ne le restaure par le bienfait d'une coupe à boire. Le saint de Dieu, toujours compatissant envers les affligés, sauta sans tarder de l'âne, planta ses genoux en terre et tendit ses paumes vers le ciel sans cesser de prier jusqu'à ce qu'il se sente entendu. « Hâte-toi, dit-il au paysan, et tu trouveras là de l'eau vive qu'à cette heure le Christ a pour toi miséricordieusement tirée du rocher pour que tu la boives. » Stupéfiante condescendance de Dieu qui consent si facilement aux demandes de ses serviteurs ! Le paysan but l'eau de la pierre par la vertu de l'orant et puisa une coupe à la roche la plus dure. Auparavant il n'y avait pas eu là de cours d'eau et, par la

suite, on eut beau y faire des recherches poussées, on ne put en trouver (2 C 46).

Miracle de l'eau jaillie du rocher ! Ce texte, truffé de références bibliques, inscrit François dans la lignée des hommes de Dieu : comme un nouveau Moïse, il conduit les hommes vers le Christ, le vrai rocher, qui donne vie. Ceci est confirmé par Thomas de Celano : « Quoi d'étonnant si, plein du Saint-Esprit, il rend présentes en lui les actions étonnantes de tous les justes ? Car celui qui est uni au Christ par le don d'une grâce particulière, il n'y a là rien de grand s'il accomplit des œuvres semblables à celles des autres saints » (2 C 46).

Respect et reconnaissance en souvenir de l'eau du baptême et de ses bienfaits : au fil des éléments du créé que nous rencontrons, nous voyons toujours cette capacité qu'a François de comprendre les réalités du ciel à partir de celles de la terre. Les secondes, bien réelles et appréciées pour elles-mêmes, le conduisent à se souvenir avec gratitude des premières :

> Après le feu, il chérissait particulièrement l'eau, par laquelle sont figurées la sainte pénitence et la tribulation, grâce auxquelles les souillures de l'âme sont lavées, et parce que la première purification *(ablutio)* de l'âme se fait par l'eau du baptême. C'est pourquoi quand il se lavait les mains, choisissait-il un endroit tel qu'après l'ablution, il ne foule pas l'eau des pieds (CA 88, LP 51).

CHAPITRE 12

LE CORPS

Dans les « rencontres » avec les éléments du créé qui jalonnent cette partie, nous remarquons que François s'engage de tout son corps, par les sens : la vue avec le soleil, le toucher avec le feu, la vue et l'ouïe avec les oiseaux, le toucher avec les agneaux, la vue et l'odorat avec les fleurs, le toucher avec l'eau. Seul le goût n'est pas explicitement évoqué. Le corps, disait le pape Jean-Paul II, « si matériel qu'il soit, [...] n'est pas un objet parmi d'autres objets. Il est d'abord quelqu'un, en ce sens qu'il est une manifestation de la personne, un moyen de présence aux autres, de communication, d'expression extrêmement variée. Le corps est une parole, un langage[1] ». Il

1. JEAN-PAUL II, *Discours aux jeunes de France*, 1er juin 1980, n° 3.

est une manière d'être présent au monde et d'entrer en relation avec lui. Pensons à l'importance du corps dans les grandes étapes de la conversion de François : corps malade en prison à Pérouse, corps du Crucifié lui parlant à l'église de Saint-Damien, corps du lépreux embrassé, corps mobile parcourant les plaines et les chemins de l'Italie centrale, corps stigmatisé « image du corps du Christ incarné, le lieu privilégié de la manifestation du divin[1] ».

De ces étapes, François retient particulièrement dans son *Testament* (1-3) celle de la rencontre avec le lépreux : dans les premières années de sa conversion, François croisa inopinément un lépreux et, au lieu de fuir, s'arrêta pour l'embrasser. Ce fut un véritable électrochoc qu'il décrivit ainsi : « Comme j'étais dans les péchés, il me semblait extrêmement amer de voir des lépreux. Et le Seigneur lui-même me conduisit parmi eux et je fis miséricorde avec eux (Lc 10, 37). Et en m'en allant de chez eux, ce qui me semblait amer fut changé pour moi en douceur de l'esprit et du corps. » En termes sobres, François parle de la vue du corps malade et en décomposition des lépreux, puis du fait d'être conduit, par un autre, le Seigneur, « parmi eux », proximité qui implique

1. Piroska NAGY, *Le Don des larmes au Moyen Âge*, Paris, Bibliothèque Albin Michel Histoire, 2000, p. 411.

le toucher, l'odorat, voire le goût de la putréfaction. Après les avoir quittés, François éprouve un passage de l'amertume à la douceur. Étonnante conversion en lien avec le corps! Le nœud de cette conversion est l'expression: «je fis miséricorde avec eux». Le mot «miséricorde» vient du terme latin *misericordia*, qui veut dire «mon cœur est misérable» et «j'ai mal au cœur pour toi». L'hébreu *racham* que *misericordia* traduit est encore plus déchirant parce qu'il signifie «j'ai mal au ventre»; littéralement, «j'ai mal au plus profond de mes entrailles pour toi». C'est l'expression utilisée dans la Bible hébraïque pour exprimer l'amour fou et maternel de Dieu pour l'humanité. À première vue, François a exprimé un amour «fou et maternel» à l'endroit des lépreux; mais n'est-ce pas aussi François qui s'est découvert aimé d'un «amour fou et maternel» en reconnaissant, sous les traits du lépreux, les traits de Jésus lui-même, crucifié, défiguré, souffrant? Ainsi le passage de l'amertume à la douceur n'est pas le fruit d'une charité condescendante à l'égard d'un autre dans le besoin, mais d'une charité divine à son égard, qui passe par la présence du lépreux embrassé et reconnu comme digne d'être aimé.

François ne triche pas: il éprouve de l'horreur et du dégoût en présence du lépreux, mais, comme l'écrit Bonaventure, «revenant à son projet d'une perfection déjà conçue en son esprit et repensant que c'est lui-même qu'il fallait d'abord vaincre s'il voulait devenir le chevalier du Christ, sautant de cheval il accourut pour l'embrasser » (LM 1, 5). Ce retour sur soi et ce geste généreux de François disent beaucoup de son rapport au corps, un corps à vaincre mais aussi capable de relation bienfaisante. « Lieu et instrument du péché, le corps n'est pas que la chair. Il est aussi le lieu où Dieu a choisi de s'incarner, celui de la manifestation du divin sur terre[1]. » François l'exprime à de nombreuses reprises, jusqu'à affirmer par deux fois que nul homme n'est digne de nommer Dieu parce que, à la différence des autres créatures, la personne humaine est responsable de ses actes ; en se détournant de Dieu, elle vit désorientée dans le péché, du fait d'un mauvais usage de sa liberté. Cependant, du fait aussi que « Dieu, pour lui, était avant tout une présence liée à des notations physiques et à une expérience qui part des sens, passe à travers le corps et conduit jusqu'à l'esprit[2] », il ne peut se contenter de rejeter le corps au profit de l'esprit. Il doit être avec son corps, consentir à son corps, faire participer son corps à sa conversion. Ce sera le cas dans la prédication itinérante qui caractérise François et ses compagnons, à la manière du marchand allant de ville

1. *Ibid.*, p. 416.

2. André VAUCHEZ, *François d'Assise, op. cit.*, p. 371.

en ville et non plus du moine demeurant en un lieu fixe. Le corps s'inscrit dans une itinérance apostolique qui n'est plus seulement ascétique.

Vers la fin de la vie de François, un frère lui fait remarquer que c'est par son corps qu'il a pu servir le Christ, le chercher et l'aimer. Alors François s'écrie : « Réjouis-toi, frère Corps, et pardonne-moi » (2 C 211). Ces paroles révèlent que François est dépendant du modèle dualiste platonicien du corps comme tombeau de l'âme. Il a considéré son corps comme un ennemi à vaincre, portant sur lui un regard méfiant, voire pessimiste. Pour se le rappeler, lors d'une tentation charnelle, François retira son vêtement et se frappa de sa corde en disant : « Allez frère Âne, il convient que tu restes ainsi, que tu subisses ainsi le fléau » (2 C 116). Dans la vision classique, le corps est voué à la putréfaction, enclin à pécher et trompeur ; ce que le corps du lépreux symbolise dans la mentalité médiévale. Néanmoins, le corps reste un frère à reconnaître et à apprécier ! Et là, François prend ses distances avec le dualisme platonicien.

Le corps de François se veut « le miroir de la conformité de son âme au Christ[1] ». Ses larmes, par exemple,

---

1. Christian DE MONTAIGU, « De "frère Âne" au corps stigmatisé ou le dialogue du corps et de l'Évangile », in *Cahiers de spiritualité franciscaine*, n° 6, décembre 2014, p. 24.

si fréquentes devant la croix, constituent comme une médiation entre le corps et l'esprit[1]. Ces larmes sont à la fois des larmes de pénitence et des larmes d'imitation du Christ, une participation à ses souffrances. François cherche à imiter le Christ Jésus en tout et donc son existence, sa chair même, doit devenir conforme à la vie du Christ. « Ce *christomorphisme* permet au corps perçu comme fraternel de devenir un lieu de manifestation du Dieu vivant et vrai[2]. »

Nous comprenons alors mieux les ascèses pratiquées par François. L'écrivain Gilbert Keith Chesterton a perçu cet aspect :

> Un homme ne se roulera pas nu dans la neige pour l'amour d'un système selon lequel toutes choses obéissent à la loi de leur être. Il ne restera pas sans nourriture au nom d'un principe, étranger à lui-même qui tient lieu de justice. C'est sous une autre impulsion qu'il fera ces choses-là ou d'autres qui leur ressemblent. Il fera ces choses-là qu'il aime. [...] Il fut un amoureux. Il fut un amoureux de Dieu ; et il fut réellement et véritablement un

1. Voir Bernard FORTHOMME, « Le consentement au corps dans la tradition intellectuelle franciscaine », in *Cahiers de spiritualité franciscaine*, n° 6, décembre 2014, p. 36.

2. *Ibid.*, p. 37.

amoureux des hommes ; ce qui est peut-être une vocation mystique beaucoup plus rare[1].

Une fois découverte la motivation profonde, l'amour, l'hypothèse formulée par la philosophe Laure Solignac devient lisible : « Le mépris dont François fait montre à l'égard de son corps (mépris qu'il recommande aux autres) est à comprendre comme une incarnation du renoncement à soi exigé par le Christ, et non comme une "désincarnation"[2]. » Le mépris dont il s'agit ici n'est pas maladif ou punitif, il est commandé par une recherche concrète de décentrement de soi en vue d'un élan amoureux vers le Christ.

Au cours du Moyen Âge, l'importance du corps grandit sans cesse, avec une réflexion sur l'incarnation et l'imitation du Christ qui s'approfondit. Le Fils de Dieu est bel et bien venu dans la chair ; il a pris un corps et ce corps exprime aussi le mystère de Dieu. Avec François d'Assise, « le pivot de l'accès au salut devient le corps[3] » : le corps participe pleinement à la manifestation de la foi. François pleure, se dénude, reçoit les stigmates… Son

1. Gilbert Keith Chesterton, *Saint François d'Assise, op. cit.*, p. 11-12.

2. Laure Solignac, « François d'Assise et frère Ane », in *Études franciscaines*, n.s., 9, 2016, fasc.1, p. 14.

3. Piroska Nagy, *Le Don des larmes au Moyen Âge, op. cit.*, p. 390.

corps est un langage[1]. Le corps dit une manière serviable et humble d'être au monde et en relation. Le corps est le lieu désormais de la *christiformité* ou configuration au Christ. Le salut ne passe plus seulement par la douleur corporelle unie à celle du Christ, mais aussi par la louange joyeuse dont François a témoigné tant de fois, jusque dans cette nuit d'où a jailli le *Cantique de frère Soleil.* Ce moment signifie que le corps toujours participant ne cesse d'éprouver la vie, même diminué, même souffrant. François n'est pas l'auteur de sa joie, il la reçoit quand tout son être se fait réceptivité à Dieu, à lui-même et à tout le créé, à la vie qui le traverse toujours.

La question du corps défaillant ne nous est pas étrangère alors que les débats se portent régulièrement sur la fin de vie dans la « dignité ». Même diminué, même souffrant, le corps reste sensible, vivant et doué de puissance symbolique.

François témoigne jusqu'au bout d'une « amitié pour le corps qui puisse se dire même dans sa blessure et sa pauvreté[2] ». S'y exprime un consentement au corps, tel

1. Thomas de Celano écrit à propos de François : « de tout son corps, il avait fait une langue » (1 C 97).

2. Thierry COLLAUD, « Une pédagogie du consentement au corps. Une herméneutique franciscaine en réponse à l'auto-délivrance du suicide assisté », in *Nouvelle Revue Théologique* n° 136 (2014), p. 88-103.

qu'il est et non tel qu'il est rêvé, lieu de la manifestation de Dieu. Consentir à son corps peut signifier sentir et habiter le monde avec ce corps ; mais peut-être avant cela, sentir le monde en le recevant et non en se l'appropriant. En embrassant le lépreux, François a accueilli et embrassé le réel. Par ce geste, il s'est ouvert à une relation nouvelle et à la douceur. De même, consentir au corps que l'on reçoit toujours et encore n'ouvre-t-il pas à une réconciliation ? Celle-ci passe par une prise en compte de nos sens, en toutes circonstances, sens en éveil, sens ouverts et réouverts, sens qui sont les portes par où le monde entier pénètre dans l'âme.

Nous pouvons citer ici l'expérience éclairante de Claire Oppert en soins palliatifs, qu'elle rapporte dans son ouvrage *Le Pansement Schubert*[1]. Avec son violoncelle, elle parcourt les chambres des malades et joue à leur demande ou à celle des familles. Elle écrit :

> La musique est vie. Les vibrations de l'instrument s'entrelacent avec le noyau du cœur, lieu ineffable, soudainement réanimé. Mouvement de vie bondissante, unité dans le corps rompu. La musique s'offre entièrement à celui qui dit ne pas la connaître, elle parle à l'intelligence du cœur. [...] La musique est vibration. L'instrument chanteur vibre, enveloppe, pénètre le corps qui hurle.

1. Claire OPPERT, *Le Pansement Schubert*, Paris, Denoël, 2020.

> Dans l'éprouvé de cette dynamisation, le passé frissonnant affleure, ruisseaux délicats ou torrents impétueux, charriant ses émotions enfouies. Dans cette résonance, le sentiment de l'existence prend la saveur pleine et fruitée du temps de l'enfance. Le temps d'une vocalise[1].

Par sa manière d'être en relation avec le soleil, le feu, les oiseaux, les fleurs, l'eau... François en son corps témoigne gratitude et reconnaissance au Créateur. Reprenant tout cela dans sa prière, « ce n'était plus un homme qui priait, c'était la prière faite homme [...] l'esprit tout embrasé, le regard pénétrant, il était devenu citoyen du Royaume des cieux, tant dans son aspect extérieur que par son âme toute fondue dans l'extase[2] ».

« Qui pourrait jamais exprimer la suprême affection qu'il portait à tout ce qui appartient à Dieu ? » s'interroge Thomas de Celano (1 C 80). Partant du principe que tout ce qui est sur cette terre a jailli de la main du Père, François se réjouit et déborde d'affection pour toutes

1. *Ibid.*, p. 126 et 130.

2. 2 C 95, exceptionnellement pris dans la traduction de Théophile Desbonnets et Damien Vorreux, *Saint François d'Assise. Documents*, Paris, Éditions franciscaines, 1968.

les réalités rencontrées qu'il appelle « frère » et « sœur ». Cette affection est soulignée par le pape François dans *Laudato si'* : « N'importe quelle créature était une sœur, unie à lui par des liens d'affection » (*LS* n° 11). François prend au sérieux cette affection et la responsabilité de rétablir dans le monde l'harmonie rompue par le péché, qui implique de restaurer un rapport avec la création qui soit fraternel et non destructeur. Cela apparaît explicitement dans le fameux récit du « loup réduit par saint François à une grande douceur », à Gubbio, récit rapporté dans les *Fioretti* au n° 23. Le loup est à l'époque l'incarnation du mal, il est redouté pour sa violence contre les animaux et les humains. François part à sa rencontre, hors des murailles de la ville, et « voici que le terrible loup se jeta en courant sur saint François, la gueule grande ouverte ». François lui oppose le signe de la croix et lui dit : « "Viens là, frère Loup ! De la part du Christ, je t'ordonne de ne nuire ni à moi ni à un autre." [...] Sitôt l'ordre donné, de loup qu'il était, devenu désormais agneau, il se coucha aussitôt la tête inclinée aux pieds du saint. » François se met alors à prêcher au loup :

> Frère Loup, tu fais beaucoup de dommages dans ces contrées et tu as perpétré d'horribles méfaits en massacrant sans miséricorde des créatures de Dieu. Car non seulement tu en massacres qui sont dénuées de raison,

> mais – audace plus détestable – tu occis et dévores des hommes faits à l'image de Dieu. Tu es donc digne d'être puni d'une horrible mort comme un brigand et un assassin des pires; c'est pour cette raison que tous crient et murmurent à juste titre contre toi et que toute la cité t'est hostile. Mais, frère Loup, moi je veux faire la paix entre toi et eux, en sorte qu'eux ne soient plus jamais lésés par toi et que, te remettant toute offense passée, ni les chiens ni les hommes ne te poursuivent plus.

Voilà la clé de la fraternité : alors que la défiance semble être l'habitude dans les relations entre l'homme et l'animal ou entre humains, François adopte des attitudes pacifiantes qui favorisent les liens confiants, afin de rétablir l'harmonie au sein du monde. Le loup n'est plus exclu, mais invité à s'intégrer aux relations fraternelles, en vertu d'un pacte où l'homme et l'animal se reconnaissent.

Au cours de ces chapitres, nous avons été attentifs au fait que François entre en relation avec tout le créé, et non seulement les animaux. « Son attitude vis-à-vis des créatures animées ne peut être séparée de sa vision du cosmos, c'est-à-dire de l'univers dans sa totalité[1] ». Son attitude fondamentale est celle de la foi, foi en Dieu créateur qui donne à voir sa bonté en ses créatures. Chacune

1. André VAUCHEZ, *François d'Assise*, *op. cit.*, p. 402.

d'elles est rencontrée et comprise « comme un don qui surgit de la main ouverte du Père de tous, comme une réalité illuminée par l'amour qui nous appelle à une communion universelle » (*Laudato si'*, n° 76). Voilà la perception de François dans ses rencontres avec les éléments : ces derniers ne sont pas des ennemis, mais des « dons » qui expriment l'amour créateur commun à tout ce qui est. De ce fait et par un acte de foi, il peut entrer en relation de fraternité avec tous les éléments.

François Delmas-Goyon a bien résumé les relations en jeu :

> Rien ne serait plus faux que de considérer ce lien de fraternité comme une relation bipolaire, mettant exclusivement en scène François et la créature, car il s'agit toujours, en fait, d'une relation à trois : François, la créature et Dieu, leur Créateur commun. Lorsqu'une créature se soumet – librement – à François, celui-ci n'est que le bénéficiaire de cette docilité, dont le véritable destinataire est Dieu, le Père. De même, lorsque François se soumet à une créature, c'est Dieu qui est l'ultime destinataire de sa soumission. Et parce que Dieu est infiniment bon, cette docilité et cette soumission sont empreintes d'une joie profonde[1].

1. François Delmas-Goyon, « La fraternité universelle de François d'Assise », *op. cit.*, p. 226.

Au fil des récits, nous avons observé François dans ses relations avec les éléments, qu'ils soient minéraux, végétaux ou animaux. Cependant, qui est profondément François ? Et comment peut-il nous accompagner dans nos propres retrouvailles avec la création, retrouvailles auxquelles nous aspirons de plus en plus en ce XXIe siècle ?

PARTIE 3

LES RETROUVAILLES SPIRITUELLES

Dans l'encyclique *Laudato si'*, le pape François écrit à propos de François d'Assise : « C'était un mystique et un pèlerin qui vivait avec simplicité et dans une merveilleuse harmonie avec Dieu, avec les autres, avec la nature et avec lui-même » (*LS* n° 10).

Cette harmonie lui donnait d'être vraiment le frère universel, avec le créé et les humains, hier comme aujourd'hui : il était et est compris des enfants comme des adultes, des philosophes comme des mystiques, des croyants comme des incroyants, dans les diverses cultures… Profondément enraciné dans l'humus de la condition humaine, il parle à tous et particulièrement en des temps de fractures.

« François est un saint pour temps de crise », disait le philosophe Fabrice Hadjadj en conférence en 2009[1]. Or, en temps de crise, l'urgence est de refonder. Il semble

1. Conférence prononcée à Lourdes, le 26 octobre 2009, à l'occasion du VIIIe centenaire de l'approbation de la *Règle*.

bien que le pape François, dans ses diverses prises de paroles, du propos prononcé dans l'avion aux encycliques *Laudato si'* ou *Fratelli tutti*, dont les titres sont empruntés à des expressions de François d'Assise, tente de nous mettre en mouvement pour cette refondation que les circonstances exigent et que la pandémie de la covid-19 a rendue plus urgente encore. Cette refondation demande la prise de conscience que « *tout est lié* », fameuse expression reprise une dizaine de fois dans *Laudato si'*. Elle nécessite une fraternité réellement vécue comme la capacité d'articuler le local et l'universel, la personne et les autres, à partir des plus pauvres. Cette fraternité, au cœur de *Fratelli tutti*, appelle un « nous » capable de dépasser les antagonismes, sans faire disparaître les distinctions, autant dire une ligne de crête, pour habiter la maison commune !

À son époque, François s'est engagé dans la crise, d'abord en solitaire, puis rejoint par quelques hommes d'Assise et d'ailleurs. Il n'a pas fui le lieu du combat, mais s'y est engagé, l'a assumé, se laissant lui-même transformer au fil des rencontres, des questionnements, des échecs, et ce jusqu'à sa mort. Voilà qui a de quoi nous rassurer : c'est tout au long des jours, dans la durée, que la transformation s'opère afin de nous permettre de parler, nous aussi, « le langage de la fraternité et de la beauté » (*LS* n° 11) qui favorisera la refondation à laquelle nous aspirons.

Cette refondation, que nous avons vue à l'œuvre dans la vie de François dans la partie précédente, nous l'appellerons « retrouvailles » car, issues d'un même Père, toutes les créatures portent en elle cette aspiration à la communion. Or la communion est blessée et se transforme en opposition, voire en destruction. Il s'agit donc d'entrer dans une conversion. François n'est pas devenu le frère universel du jour au lendemain, mais sa perception des choses et de lui-même a changé à mesure qu'il découvrait, vivant et proche, « le » frère universel qu'est Jésus-Christ. C'est Jésus-Christ cherché et accueilli dans sa vie, devenu centre de sa vie, qui a conduit François à recevoir le créé de manière nouvelle et réconciliée.

Nous suivrons la conversion profonde de François en quelques attitudes significatives : solitaire, dépouillé, contemplatif, pèlerin et héraut. Ces attitudes seront autant d'étapes à parcourir en nous souvenant qu'« il n'y a de chemin que par un amour ardent du Crucifié », comme l'écrivait Bonaventure dans le prologue de l'*Itinéraire de l'esprit jusqu'en Dieu*[1]. La clé du chemin de

1. Saint BONAVENTURE, *Itinéraire de l'esprit jusqu'en Dieu*, *op. cit.*, p. 33.

François, sa conversion, ne peut donc se comprendre qu'à partir de sa foi vivante en Jésus-Christ, celui par qui et en qui « tout est lié » et qui éclaire tout de manière nouvelle par sa présence : « C'est en sa connaissance de Jésus-Christ pauvre et crucifié qu'il voit cet univers de gloire qu'il chante comme raison d'être de toute création[1]. »

---

1. Dominique GAGNAN, « Office de la Passion », in *Antonianum*, 1980, p. 86. Je voudrais, dans cette partie, rendre hommage à frère Dominique Gagnan, frère mineur Capucin, de la Province du Québec au Canada. Mort en 1980, à l'âge de 40 ans, il est auteur d'articles prometteurs sur la figure de François d'Assise et son *Cantique des Créatures*, sur lequel il s'apprêtait à rédiger une thèse, à Paris. C'est particulièrement à lui que je dois nombre d'interrogations, découvertes et développements des lignes qui suivent. Frère Dominique Gagnan participa à l'équipe de rédaction de la revue française *Études franciscaines*, il enseigna à Ottawa et fut membre de l'Institut Historique des Capucins, à Rome. « Le visage de François est une icône que l'on déchiffre à la lumière de la similitude du Christ » était le fil rouge de ses recherches.

CHAPITRE 13

SOLITAIRE

Témoins de scènes qui nous ont réjouis, faisons un pas de plus et essayons d'approcher le cœur de François. Comment est-il entré dans ces relations de fraternité généreuse, lui qui fut d'abord généreux pour lui-même dans ses jeunes années ? Plusieurs étapes expliquent cette transformation que l'on peut appeler conversion. François était certainement croyant, mais il est passé d'une foi extérieure à une adhésion de tout son être avec, en son centre, Jésus pauvre et souffrant. La première de ces étapes est celle de la solitude.

François est toujours associé à la fraternité, mais c'est d'abord en solitaire qu'il a cheminé. Ses biographies le décrivent solitaire, cherchant le retrait dans des ermitages montagneux ou, pour le moins, à distance des autres. Thomas de Celano a bien repéré ce trait : « Le creux du rocher était son nid préféré » (1 C 71). Se retirer, c'était pour François se recueillir, en profondeur, prendre le chemin du cœur de son être.

Si nous marchons sur les pas de François d'Assise, entre Rome et Florence, les ermitages conservant son souvenir ne manquent pas : Greccio, Carceri, Celle di Cortone, La Verna, Montecasale… Certes, François refuse tout cloître, il parle aux hommes, aux bêtes, aux choses, il est de plain-pied dans le monde, mais il apprécie aussi l'ermitage : pourquoi cet attrait de la solitude ?

Connu dans sa jeunesse pour avoir été frivole, dissipé, éblouissant et joueur, François montre le moment de rupture dans son *Testament* : « Comme j'étais dans les péchés, il me semblait extrêmement amer de voir des lépreux. » Il n'évoque pas ici des actions, mais le regard, élément clé de la conversion, qu'elle soit écologique, spirituelle, existentielle… Son regard était habitué à ce qui brillait et retenait l'attention. Il est maintenant désenchanté et désabusé. Le péché de François était d'être complice du spectacle, mensonge de la vue fuyant dans l'apparat de la frivolité.

À l'issue d'une première solitude, forcée, François prend conscience du vide de son regard. Emprisonné à

Pérouse après avoir cherché à combattre contre cette ville voisine d'Assise, il y contracte une maladie, probablement la malaria. Il est libéré de prison au bout d'une année, et Thomas de Celano note alors un intéressant changement chez François :

> Comme il avait déjà commencé à reprendre souffle et qu'appuyé sur un bâton, il avait commencé à marcher deçà delà à travers sa demeure pour recouvrer la santé, un jour il sortit au-dehors et se mit à regarder avec davantage de curiosité la province environnante. Mais la beauté des champs, le charme des vignes et tout ce qui est beau à la vue ne purent lui faire le moindre plaisir. Il s'étonnait donc de ce changement soudain en lui et tenait pour les derniers des fous les amateurs de tels spectacles. De ce jour, il se mit donc à se déprécier à ses propres yeux et à tenir en un certain mépris tout ce qu'il avait admiré et aimé auparavant (1 C 3-4).

Le décor est désormais sans vie à ses yeux. François est seul extérieurement, mais aussi intérieurement, ne sachant plus sur quoi s'appuyer. Le regard ne peut plus passer d'une chose à l'autre, comme avant. Il fixe les choses qui l'entourent, mais elles lui apparaissent sans vie. Alors vient l'angoisse du vide : y succomber ou traverser l'épreuve sera le premier défi significatif dans la vie de François, défi qui fait grandir en lui le désir de voir autrement. François a soif du sens des choses ; dans la solitude extérieure et intérieure, il creuse ce désir.

Se présente alors une occasion de fuir cette solitude profonde en rejoignant une démarche militaire qui s'effectuait vers le sud de la péninsule. En route vers les Pouilles, alors qu'il dort, François voit et entend quelque chose de nouveau :

> Un palais somptueux lui est bientôt montré en vision ; il y aperçoit divers équipements militaires et une épouse d'une extrême beauté. Dans son songe, François est appelé par son nom et on l'attire en lui promettant tous ces biens. [...] Une nuit qu'il dormait, quelqu'un lui adresse en vision la parole [et] lui demande instamment qui peut lui faire un plus grand bien, le serviteur ou le seigneur. François dit : « Le seigneur ». L'autre reprend : « Pourquoi alors cherches-tu le serviteur au lieu du seigneur ? » François demande alors : « Que veux-tu que je fasse, Seigneur ? » Et le Seigneur lui dit : « Retourne dans la terre de ta naissance » (2 C 6).

François connaît ici un retournement physique et intérieur. Désormais, il ne va plus errer, mais réellement entrer en lui-même pour écouter plus profondément la voix qui lui parle. Il découvre que sa solitude n'est pas vide, mais habitée. Son désir de voir est relancé par la voix entendue. Auparavant, chevaucher son étalon en admirant les éléments du créé qui se présentaient à ses yeux était un de ses plus grands plaisirs, mais alors il ne percevait pas la lumière de leur réalité profonde. Désormais, François a entendu la voix du Dieu vivant, Seigneur, le seul qui investisse l'univers entier, seul capable de combler le désir de l'homme et de révéler la profondeur des choses. François choisit alors de vivre de longs moments seul dans des grottes proches d'Assise, à la manière des anachorètes, ces moines des premiers siècles du christianisme qui vivaient dans les déserts d'Égypte ou de Syrie : ceux-ci se mettaient à l'écart, au désert, pour s'exercer à la solitude en Dieu et à la libération des passions. Vitalement atteint dans son rapport à Dieu qui s'approfondit, François est troublé dans son rapport à lui-même et son rapport aux choses. Dans la solitude, François ne fuit pas, mais il cherche, non sans difficultés, à atteindre en lui, en son cœur, l'espace plus large d'un amour sans frontières.

Dès lors, son regard change. À la faveur de la solitude et de ses combats, François entre dans la perspective décrite par un auteur, Hugues de Saint Victor, un siècle plus tôt. Celui-ci structure la vision de l'homme selon un triple regard : l'œil de la chair par lequel l'âme voit le monde extérieur ; l'œil de la raison par lequel elle voit dans la création le Créateur ; et l'œil de la contemplation, par lequel elle voit Dieu en elle et tout ce qui est en Dieu.

Avant le péché originel, l'homme, au regard « équipé », pouvait lire Dieu en lui-même et dans la création. Avec le péché, cependant, l'œil de la contemplation s'est éteint de telle sorte qu'il ne voit plus rien ; l'œil de la raison s'est voilé, de telle sorte qu'il voit de manière floue ; l'œil de la chair, lui, ne fut pas atteint. Blessant à mort l'œil de la contemplation, le péché rend l'âme ignorante de la présence de Dieu en elle. Seule la foi, comme une lumière offerte à la connaissance naturelle de l'homme, foi en Jésus pauvre et crucifié, peut venir remplacer, voire guérir, l'œil mort de la contemplation et l'œil malade de la raison.

C'est donc pour François un travail de rééducation du regard qui commence à se jouer dans la solitude. Pour percer l'épiderme du monde, il comprend qu'il doit percer la propre carapace de son artifice et retrouver par la foi le chemin de son appartenance divine, qui le relie à tout ce qui existe. François vit alors le début d'un vrai retournement qui s'exprime particulièrement dans le dialogue avec le Christ en la chapelle Saint-Damien et dans l'embrassade avec le lépreux : la personnalité grandiose de François, qui existait dans le regard et l'estime des autres à son endroit, est mise en échec par l'expérience de la maladie puis de la solitude, et à Saint-Damien, Jésus souffrant s'adresse à François souffrant pour lui demander de réparer l'Église souffrante.

L'identification à Jésus se présente comme le vecteur de l'identité religieuse de François, le nouveau pôle d'attraction de son désir et de son regard. La relation à Jésus lui permet de marquer les ruptures nécessaires avec son entourage, ses biens et lui-même. Car Jésus ouvre la voie à une reconnaissance de la condition souffrante de l'être humain, opposée à la toute-puissance. À partir de ce moment-là, François comprend qu'il ne pourra trouver sa véritable identité que dans l'unique service de Dieu. Le commerçant se fait serviteur. Et le lieu du service sera la terre entière, les pauvres, les oiseaux... Servir Dieu, c'est le servir en relation avec sa vie divine, son geste créateur et rédempteur ; c'est donc servir sa création, servir l'homme. Le service constitue le cap qui peut gouverner la solitude humaine et permettre de se frayer un chemin à travers les obstacles.

Dans la solitude, François découvre que son regard a besoin d'être guéri. Cette guérison commence à lui être donnée par la foi en Jésus pauvre et crucifié qui lui parle à Saint-Damien et qu'il rencontre dans le lépreux embrassé. Les contextes et les circonstances changent, la nécessité d'une conversion ou *métanoïa*[1] demeure : ce

1. On lira avec profit le livre de Jean-Yves LELOUP, *Métanoïa. Une révolution silencieuse*, Paris, Albin Michel, 2020.

terme est caractéristique de la vie de ceux qui explorent les profondeurs de l'être humain où Dieu nous attend. Ce retournement, qui en est à ses débuts, s'exprime ensuite publiquement lorsque François se dépouille de ses vêtements en place d'Assise.

CHAPITRE 14
DÉPOUILLÉ

Parmi les moments bien identifiés de la conversion de François d'Assise entre 1202 et 1209, il en est un qui est moins connu, bien qu'il fasse l'objet d'une nouvelle attention depuis quelques années : le « dépouillement » en place d'Assise, qu'on appelle en italien *spoliazione*. Le 20 mai 2017, l'évêque d'Assise, Mgr Domenico Sorrentino, a ainsi érigé la basilique Sainte-Marie-Majeure, voisine de son évêché, en « sanctuaire du dépouillement ».

Alors que François a pris ses distances avec sa famille et la seigneurie de l'argent pour chercher Dieu en toutes circonstances, par le chemin de la solitude et de la pauvreté, son père l'assigne en justice pour récupérer ses biens et le déshériter. La liberté de François s'exprime par sa promptitude à exécuter la demande paternelle de restitution :

> Il ne souffre de retard ni n'hésite de quelque façon, n'attend ni ne fournit d'explications ; mais ayant aussitôt quitté tous ses vêtements, il les restitua à son père. [...] Ivre d'une ferveur admirable de l'esprit, ayant même rejeté son caleçon, il se dénude totalement devant tous, disant à son père : « Jusqu'à maintenant je t'ai appelé "père" sur la terre, mais à présent je peux dire en sécurité : Notre Père, qui es aux cieux, auprès de qui j'ai déposé tout mon trésor et placé tout le gage de mon espérance. » Voyant cela et admirant une ferveur si exceptionnelle chez l'homme de Dieu, l'évêque se leva aussitôt ; et le recueillant en pleurs entre ses bras, lui qui était un homme pieux et bon, il le couvrit du manteau dont il était enveloppé, prescrivant aux siens de lui donner quelque chose pour recouvrir les membres de son corps (LM 2, 4).

Trois thématiques essentielles pour notre réflexion sur l'écologie de François émergent ici. Je les exprime en termes bruts : le dépouillement conduisant à la nudité, l'Esprit et la restitution.

Le père de François ne voulait que récupérer son argent, or il assiste à cette humiliation publique lorsque la nudité de son fils est exposée. La « nudité », au sens d'« absence de vêtement », signifiait dans le

Moyen-Orient ancien l'état d'abjection des hommes privés de liberté : les esclaves, les prisonniers de guerre ou des condamnés, ceux qui ne jouissaient pas de la protection de la loi. Au contraire, l'homme libre, soucieux de sa dignité, devait se vêtir somptueusement ; plus ses vêtements étaient ornés, plus haute était sa dignité. La nudité signifie la nouvelle condition de François au service du Seigneur, tout autant que la fragilité. Elle renvoie à la nudité première du livre de la Genèse où la relation avec le créé était « naturelle », sans division ni soupçon. Dans sa catéchèse du 2 janvier 1980, Jean-Paul II a explicité cette nudité, explication qui rejoint ce que vit François dans son rapport au créé. D'où l'importance de cette scène en place d'Assise : elle révèle la conversion existentielle que vit François. Au début du livre de la Genèse, explique le pape,

> l'homme et la femme se voient eux-mêmes presque à travers le mystère de la création ; ils se voient eux-mêmes de cette manière avant de connaître qu'ils « étaient nus ». Cette vision réciproque d'eux-mêmes n'est pas seulement une participation à la perception « extérieure » du monde ; elle est aussi une dimension intérieure de participation à la vision du Créateur lui-même – de cette vision dont parle plus d'une fois le récit du premier chapitre : « Dieu vit tout ce qu'il avait fait. Voilà. C'était très bon » (Gn 1, 31).

Un peu plus loin, Jean-Paul II ajoute : « La signification originelle de la nudité correspond à cette simplicité et à cette plénitude de vision dans laquelle la compréhension de la signification du corps naît presque dans le cœur même de leur communauté-communion. » Voilà ce que vit François, appauvri volontairement, dépouillé sur insistance de son père : en retrouvant volontairement la nudité première de l'humanité, il entre dans une « participation intérieure à la vision du Créateur lui-même », qui est marquée par la bonté première de Dieu dans son œuvre de création et se vit par l'imitation à Jésus. Et cette « participation » est marquée par un lien de communion profonde entre personnes, lien que nous pouvons étendre à tout le créé, comme les récits de la deuxième partie nous l'ont montré. En effet, comme l'écrit encore Jean-Paul II, « seul l'amour crée le bien et lui seul peut, en définitive, être perçu dans toutes ses dimensions et sous tous ses profils dans les choses créées et surtout dans l'homme[1] ».

Dans cette « participation » à la vision divine, il n'y a pas de rupture intérieure ni d'opposition entre ce qui est spirituel et ce qui est sensible. Il y a réconciliation de ce qui avait été blessé et qui était devenu division. Par

1. Audience générale du 30 janvier 1980, n° 1.

l'identification à Jésus pauvre et crucifié, François entre dans le monde nouveau inauguré par la Résurrection de Jésus. Voilà le secret de François. Il vit déjà, petit à petit et explicitement, de la nouveauté des relations guéries et réconciliées par la mort de Jésus sur la croix. Bonaventure l'écrit en concluant ainsi le récit de la scène du dépouillement : « Le serviteur du Roi très haut fut laissé nu, afin de suivre le Seigneur crucifié nu qu'il aimait » (LM 2, 4). Tout est dit ! Toute sa vie, François rechercha ce dépouillement. Il réduisit au minimum son vêtement et son habitat. La nudité fut le désert où François livra le bon combat de la liberté en Dieu, assailli par les tentations. Thomas de Celano conclut, quant à lui, cet épisode par la parole de François : « J'irai nu à la rencontre du Seigneur ! » (2 C 12). La nudité originelle, selon les mots de Jean-Paul II, « peut aussi être définie comme immunité originelle et béatifiante contre la honte par l'effet de l'amour. Une telle immunité nous oriente vers le mystère de l'innocence originelle de l'homme[1] ». Cette innocence est précisément celle que François est en train de retrouver. Comme en écho, le pape François écrit à l'évêque d'Assise, lors de l'ouverture du sanctuaire du dépouillement :

1. Audience générale du 30 janvier 1980, n° 2 et 3.

> De Noël à Pâques, le chemin du Christ est tout un mystère de « dépouillement ». La toute-puissance, d'une certaine manière, s'éclipse afin que la gloire du Verbe fait chair s'exprime surtout dans l'amour et dans la miséricorde. Le dépouillement est un mystère d'amour ! Il ne signifie pas le mépris des réalités du monde. Et comment le pourrait-il ? Le monde vient tout entier des mains de Dieu. Dans le *Cantique de frère Soleil,* François lui-même nous invite à chanter et à sauvegarder la beauté de toutes les créatures. Le dépouillement nous fait bénéficier de celles-ci d'une façon sobre et solidaire, avec une hiérarchie de valeurs qui met l'amour à la première place[1].

Nous aurons à nous en souvenir lorsque nous parlerons de François contemplatif.

Alors que le monde marqué par le péché est désuni et désordonné, animé par la violence et l'opposition, François, lui, s'engage sur le chemin de la réconciliation offerte. La désorganisation du créé a été exprimée dans le livre de la Genèse par l'assertion, après le péché, de la honte de l'homme et de la femme nus l'un devant l'autre ; Jean-Paul II parle alors de honte immanente et relationnelle :

> C'est la honte qui s'est produite dans l'humanité même et qui a été provoquée par le désordre intime dans ce qui était pour l'homme, dans le mystère de la création,

---

1. Pape FRANÇOIS, lettre du 16 avril 2017.

> l'« image de Dieu », tant dans son « ego » personnel que dans les relations interpersonnelles à travers la communion primordiale des personnes constituées par l'homme et la femme. Cette honte dont la cause se trouve dans l'humanité même est immanente et, en même temps, relationnelle : elle se manifeste dans la dimension de l'intériorité humaine et en même temps elle se réfère à l'« autre »[1].

À la nudité volontaire de François, signe de la nouvelle condition dans laquelle il est engagé, pauvrement, succède le geste de l'évêque Guido qui couvre le corps de François avec son manteau et demande qu'on lui trouve de quoi le vêtir. Entre François et l'évêque, un lien dans l'Esprit Saint est instauré au point que l'actuel évêque d'Assise, Mgr Domenico Sorrentino, n'hésite pas à les décrire comme « complices de l'Esprit[2] ». Cette complicité entre une intuition que Bonaventure situe dans l'ivresse de l'Esprit et l'institution ecclésiale reconnaissant le dépouillement tient, physiquement, en ce manteau qui unit François à l'évêque, en une icône de l'Église-mère. « François est comme régénéré dans le sein

1. Audience générale du 28 mai 1980, n° 1.

2. Titre d'un livre portant sur le geste du dépouillement et l'amitié entre le saint et l'évêque : Domenico SORRENTINO, *Complices de l'Esprit*, Perugia, Frate Indovino Edizioni, 2009.

de l'Église[1]. » François semble rompre avec sa famille de la terre. Son geste vise cependant davantage à démasquer l'attachement possessif de son père à l'égard des biens. Il montre que la relation au créé ne peut être de l'ordre de la possession, elle est de l'ordre du don. François reçoit alors volontiers ou, dit autrement, avec reconnaissance, le « pauvre petit et vil manteau d'un travailleur agricole au service de l'évêque » (LM 2, 4). L'évêque d'Assise commente : « De la singulière protestation antiéconomique d'un fils de commerçant, naîtra une nouvelle économie, fondée sur "dame pauvreté", principe d'une sobriété solidaire, qui durant des siècles mettra les fils de François aux côtés des pauvres, jusqu'aux institutions de type bancaire comme celle des Monts-de-Piété[2]. » On peut citer ici en exemple un capucin, frère Ludovic de Besse (1831-1910). Si des banques puissantes voient le jour en France au milieu du XIXe siècle, elles ont pour vocation exclusive le financement de l'industrie et du grand négoce, et ne répondent pas aux besoins de crédit des petits producteurs, artisans ou cultivateurs. Envoyé à Angers, frère Ludovic fonde en 1878 la première Banque Populaire puis le Crédit Mutuel et Populaire qui édite un

1. *Ibid.*, p. 37.

2. *Ibid.*, p. 41.

journal, *l'Union Économique*, première publication de diffusion d'informations et de conseils sur les Banques Populaires. Il est toujours cité par le Crédit Mutuel comme l'un de ses précurseurs. Le « pauvre » manteau reçu par François l'invite à s'inscrire, lui et les frères qui le suivront, dans ce mouvement du don. C'est un des sens que j'apprécie de développer lorsqu'est présenté exceptionnellement au public ou aux fidèles le « manteau de saint François », dont les capucins ont la garde dans leur fraternité parisienne[1].

Nous avons employé le mot « restitution » à propos du geste de François rendant argent et vêtements à son père. Aux yeux de son père, Pierre Bernardone, François est devenu « fou » et il vaut mieux couper tout lien plutôt que de risquer de perdre davantage, François ayant, à plusieurs reprises, donné argent et tissus paternels à des pauvres. Ce geste a une portée symbolique considérable. En effet, conscient que tout vient de Dieu, François, et à sa suite le théologien franciscain qu'est Bonaventure, a une conscience vive que le dynamisme de l'histoire suppose la restitution ou le retour de toute chose en Dieu.

1. L'histoire de ce manteau offert par François d'Assise à Élisabeth de Hongrie qui le fit passer à Louis IX (saint Louis), roi de France, puis aux frères franciscains, est racontée dans *Les Dons du manteau*, Marie-Hélène DE BENGY, Les Plans-sur-Bex, Parole et silence, 2019.

François solitaire ne fuit pas le monde, mais il entreprend le voyage pour retrouver le chemin de son cœur, au plus intime duquel Dieu se trouve. Il accepte alors joyeusement le dépouillement en place d'Assise, annonciateur d'autres gestes concrets. Appauvri volontairement, il apprend à tout recevoir avec reconnaissance et à rendre au Père de toute bonté tout ce qui est. Il n'y a pas de retrouvailles avec la création sans ce consentement à la démaîtrise.

CHAPITRE 15

CONTEMPLATIF

Après avoir découvert François solitaire vivant le retournement de son être, comme ces hommes partis au désert pour y chercher Dieu, puis médité son dépouillement en place d'Assise, saisi par l'Esprit, nous voilà arrivés au cœur du regard de François sur le créé : avec les « yeux de l'esprit », l'homme découvre le sens des choses, dont il perce l'épiderme superficiel. Ainsi ce regard, que nous appellerons « contemplatif », ne se limite pas à une observation du réel, aussi profonde soit-elle : il entraîne surtout à un agir en conséquence, selon la loi nouvelle de l'amour structurante du monde nouveau. Nous décrirons ce regard à partir des écrits de saint Bonaventure, contemporain de saint Thomas d'Aquin, étudiants tous les deux à l'Université de Paris. En 1257, Bonaventure fut élu ministre général de l'Ordre des Frères Mineurs et quitta donc l'enseignement, sans cesser de mettre son intelligence au service de l'intuition évangélique de François d'Assise et de ses frères.

Dans sa première conférence sur l'*Hexaemeron* (*Six jours de la création*) tenue devant des étudiants parisiens en 1273, un an avant sa mort, Bonaventure donne une définition de la métaphysique franciscaine que nous allons creuser ensemble : « Voilà toute notre métaphysique : émanation, exemplarisme, réduction, c'est-à-dire illumination grâce au rayonnement de l'esprit et au retour au Très-Haut » à travers le Christ comme centre (*Hexaem.* coll.1, n° 17). Une religieuse franciscaine de notre époque, sœur Ilia Delio, exprime ainsi ce mouvement « métaphysique » : « Le monde exemplaire de la création qui émane de la bonté de Dieu a sens et finalité seulement à la lumière de l'homme qui, créé à l'image de Dieu, reconnaît Dieu dans les signes de la création et lui accorde en retour louange, révérence et action de grâce[1]. » Dans ses écrits, François ne cesse

1. Ilia DELIO, *Cheminer avec saint Bonaventure*, Paris, Éditions franciscaines, 2015, p. 192.

d'essayer d'être cet homme qui reconnaît Dieu et invite toute la création à la louange, à la révérence et à l'action de grâce. Ainsi, dans son *Exhortation à la louange de Dieu*, François écrit :

> Craignez le Seigneur et donnez-lui honneur.
> Digne est le Seigneur de recevoir louange et honneur.
> Vous tous, qui craignez le Seigneur, louez-le.
> Salut, Marie, pleine de grâce, le Seigneur est avec toi.
> Louez Dieu, cieux et terre.
> Tous les fleuves, louez le Seigneur.
> Fils de Dieu, bénissez le Seigneur.
> Voici le jour que fit le Seigneur : exultons et réjouissons-nous en lui.
> Alléluia, alléluia, alléluia, roi d'Israël !
> Que tout esprit loue le Seigneur.
> Louez le Seigneur, car il est bon ; vous tous qui lisez ceci, bénissez le Seigneur.
> Toutes les créatures, bénissez le Seigneur.
> Tous les oiseaux du ciel, louez le Seigneur.
> Tous les enfants, louez le Seigneur.
> Jeunes hommes et jeunes filles, louez le Seigneur.
> Digne est l'Agneau qui a été immolé de recevoir louange, gloire et honneur.
> Bénie soit la sainte Trinité et l'indivise Unité.
> Saint Michel archange, défends-nous dans le combat.

Il faut ici souligner le rôle central de la personne humaine, créée à l'image et à la ressemblance de Dieu, capable de reconnaître la divine empreinte dans chacune des créatures et d'offrir à Dieu louange et gloire. Thomas de Celano s'interroge avec raison :

> Qui pourrait jamais exprimer la suprême affection qu'il portait à tout ce qui appartient à Dieu ? Qui pourrait raconter en détail la douceur dont il faisait preuve en contemplant dans les créatures la sagesse du Créateur, sa puissance et sa bonté ? Très souvent en vérité, cette contemplation le remplissait d'une joie étonnante et ineffable, quand il regardait le soleil, quand il apercevait la lune, quand il observait les étoiles et le firmament (1 C 80).

Ces lignes expriment bien à la fois la divine empreinte en chaque créature avec les trois termes de sagesse, de puissance et de bonté du Créateur, ainsi que la joie débordante qui animait le cœur de François lorsque son regard contemplatif s'exerçait sur les éléments du créé.

Émanation, exemplarisme et réduction, lisions-nous sous la plume de Bonaventure pour définir sa métaphysique. De quoi s'agit-il ? L'émanation est la « naissance de la création sortant du sein du Dieu d'amour tri-un[1]. »

1. *Ibid.*, p. 56.

Au sein de la Trinité, la relation d'amoureuse pauvreté entre le Père et le Fils, relation subsistante qu'est l'Esprit Saint, est débordante comme « l'écoulement aimant d'un Dieu aimant dont la bonté dynamique et infinie est partagée d'une manière dynamique et limitée[1] ». Dit autrement, la création est participation à la génération du Verbe à partir du Père. La création est le fruit de l'amoureuse liberté divine qui ne se replie par sur elle-même, mais s'épanche. Ainsi la Trinité est-elle créatrice. Elle est l'Artiste divin, et la création est l'expression finie des idées infinies de l'Artiste. Bonaventure a, lui aussi, admirablement exprimé à la fois l'émanation et la joie qu'elle procurait en François :

> En sorte d'être éveillé à l'amour divin à partir de toutes choses, il exultait dans toutes les œuvres des mains du Seigneur et s'élevait vers leur raison vivifiante et leur cause à travers les spectacles agréables. Dans les belles choses, il contemplait le Très-Beau et poursuivait partout le Bien-Aimé en suivant les traces imprimées dans les choses, se faisant de tout une échelle par laquelle il monterait pour appréhender Celui qui est tout entier désirable. Par l'affection de sa dévotion inouïe, il goûtait en effet cette fontaine de bonté en chaque créature comme en des ruisseaux et, comme s'il percevait un céleste concert

1. *Ibid.*

> dans l'accord de leurs vertus et de leurs actes donnés par Dieu, à la manière du prophète David il les exhortait avec douceur à la louange du Seigneur (LM 9, 1).

L'exemplarisme, deuxième terme de notre triade et suite logique de l'émanation, est « la théorie selon laquelle l'ensemble de l'univers créé et chacune des créatures, dans son être comme dans son action, ne sont compréhensibles en leur réalité dernière que pour autant qu'on les contemple comme reflétant de plus ou moins loin la Trinité créatrice qui est à leur origine et qui les a pensées et voulues[1]. » Il s'agit là d'une théorie que nous devons à Augustin d'Hippone, et que Bonaventure va faire sienne pour rendre compte de la relation de François à la création. Il s'agit donc de contempler dans le créé les reflets de l'origine trinitaire créatrice qui maintient les choses dans l'être selon une triple influence : efficiente (qui donne l'existence), exemplaire (qui donne la forme et la beauté) et finale (qui indique le but, la finalité). Plus l'influence divine est intense, plus les créatures sont proches de Dieu. Ainsi va-t-on distinguer les créatures entre elles : il y a les créatures « vestiges » qui sont les plus éloignées

1. Luc Mathieu, « L'exemplarisme théologique et spirituel de saint Bonaventure », in *Évangile aujourd'hui*, n° 204, p. 50.

de l'influence divine, des créatures inanimées et matérielles jusqu'aux différentes espèces du règne animal, créatures animées d'un principe vital. Elles ne sont pas sans noblesse vu leur origine, mais elles ne sont pas appelées à répondre librement à l'initiative créatrice. Entre elles et le Créateur, il y a les anges, êtres spirituels et incorporels, et il y a la personne humaine, homme et femme, qui sont les créatures qui portent « l'image » et la « ressemblance » divine. Proches de Dieu, elles sont « capables » de lui, c'est-à-dire capables par la connaissance et l'amour d'accueillir les dons de Dieu, perfectionnant ainsi la ressemblance au point d'atteindre une « similitude », jusqu'à l'union aux personnes divines, union en vue de laquelle elles ont été créées. Entre les éléments créés et le Créateur, il y a, par exemple, François d'Assise, capable de trouver dans le soleil, la lune et les étoiles, le feu, le vent, l'eau et la terre, des qualités de beauté, de bonté, d'humilité, de force, d'utilité... et de remonter au Créateur « qui, dans son unité et sa simplicité est l'origine et l'exemplaire de toutes les perfections. Son *Cantique de frère Soleil* est assez explicite à ce sujet[1] ».

1. *Ibid.*, p. 52.

Déjà nous percevons que pour François, puis pour Bonaventure, comprendre qu'à l'origine il y a la bienveillance originelle du Créateur qui fait advenir toutes choses, c'est d'emblée se situer en récepteurs de cette bonté première. Tout ne peut être reçu que comme un don et, de ce fait, se comporter en propriétaire est « contre-nature ». Nous voilà ici au cœur de la pauvreté comprise par François : en refusant de s'approprier quoi que ce soit, François ne fait qu'être cohérent avec la réalité : tout est don. Dans cette perspective, la personne humaine occupe une place particulière dans la création : Dieu a créé le monde par amour, mais sa joie est de communiquer cet amour particulièrement à quelqu'un capable d'y participer par la connaissance et par l'amour, capable de reconnaître dans la création les traces mises par le Créateur pour le connaître et l'aimer. En réponse, la personne, corps et esprit, exerce un « sacerdoce » : elle est intermédiaire et porte-parole, elle prête sa voix à l'univers matériel pour lui faire rendre hommage à Dieu. Elle fait aussi œuvre de louange en cherchant à comprendre autant qu'elle le peut la sagesse inscrite dans le créé ou en déployant davantage les dons de la création au service de tous.

Bonaventure résume ainsi cette mission confiée à chacun :

Dieu a créé l'univers pour Lui-même (Pr 16, 4)
si bien que
comme il est la suprême **puissance et majesté,**
il a fait toutes choses pour sa **louange**;
comme il est la suprême **lumière,**
il a fait toutes choses pour sa **manifestation**;
comme il est la suprême **bonté,**
il a fait toutes choses pour sa **communication.**

Or, il n'y a pas de **louange** parfaite
sans la présence de quelqu'un qui **approuve,**
ni de **manifestation** parfaite
sans la présence de quelqu'un qui **comprend,**
ni de parfaite **communication des biens,**
sans la présence de quelqu'un capable de **s'en servir.**

Et puisqu'**approuver la louange,**
connaître la vérité et **se servir des dons**
ne peut relever que d'une créature rationnelle,
les créatures non rationnelles
ne doivent pas être ordonnées immédiatement à Dieu
mais moyennant la créature rationnelle.

Mais **parce qu'il est naturel à la créature rationnelle**
et de **louer**, et de **connaître** et d'**assumer**
les choses dans la faculté de la volonté,
il est lui est naturel d'être immédiatement ordonné à Dieu[1].

Ce texte est peut-être compliqué au premier abord, mais il est déterminant. Relisons-le en ayant à l'esprit le sermon aux oiseaux que nous avons amplement décrit dans la deuxième partie. Que fait François ? Il agit en créature rationnelle auprès des oiseaux, créatures non rationnelles, pour approuver la louange qu'ils expriment par leurs chants, révéler la vérité de leur être n'ayant pas à se soucier du lendemain ni de leur vêture, n'ayant qu'à se servir dans les dons de Dieu et se réjouir de ce qu'ils sont. François s'adresse aux oiseaux en référence à leur Créateur et il apprend à louer avec eux le Créateur, source de tout ce qui est. Il faut bien comprendre que cette capacité de François n'est pas despotique mais reçue : ce sont, d'une certaine manière, les oiseaux qui révèlent à François sa mission et lui offrent de l'accomplir. Comme l'explique le théologien franciscain

1. *Commentaire des Sentences*, d.16, a.1, q.1, resp.

Luc Mathieu, « toutes les créatures matérielles sont au service de l'homme et de son entrée en communion avec le Créateur. Mais l'homme a le devoir de respecter l'œuvre de Dieu en chaque créature, et de lui prêter sa voix et son intelligence pour exprimer la louange du Créateur, en contemplant l'œuvre bonne du Dieu bon[1] ». Le monde créé aide la personne humaine à trouver Dieu ; le destin spirituel du monde matériel dépend donc d'une créature à la fois matérielle et spirituelle, l'homme. Ainsi, il y a entre les éléments du créé une solidarité qui, transformée par la charité qu'est l'Esprit Saint, permet la rencontre de Dieu. Rencontre qui est jouissance en sa présence. Nous comprenons alors la joie « étonnante et ineffable » (1 C 80) qui animait François.

S'il y a exemplarisme, c'est qu'il y a un exemplaire : Jésus, qui est le prototype ou modèle premier de tout ce qui est. N'oublions pas que la conversion de François est de placer la seigneurie de Jésus-Christ au centre de son être. Jésus-Christ, dont saint Paul écrit : « *Il est l'image du Dieu invisible, le premier-né, avant toute créature : en lui, tout fut créé, dans le ciel et sur la terre. Les êtres visibles*

1. Luc Mathieu, « Les animaux dans la pensée franciscaine : la théologie de saint Bonaventure », in *Bulletin de Littérature Ecclésiastique*, n° 480, octobre-décembre 2019.

et invisibles, Puissances, Principautés, Souverainetés, Dominations, tout est créé par lui et pour lui. Il est avant toute chose, et tout subsiste en lui » (Col 1, 15-17). À force de mettre Jésus au centre de sa vie, François comprend l'univers créé et sa propre place dans cet univers à la manière même de Jésus. Le Verbe exprime le Père et la création exprime le Verbe. Chaque créature peut être appelée un « petit verbe[1] ». Le Christ appartient à la structure même du réel : comme Verbe, à la réalité de Dieu ; comme Verbe incarné, à la réalité de l'univers créé par Dieu. « Du fait que la création est le verbe exprimé du Verbe divin, elle est destinée à trouver en Dieu, au plus intime d'elle-même, sa plénitude et son accomplissement[2] » écrit Ilia Delio.

Le Christ est le centre et, de ce fait, il est le « moyen » du retour à Dieu de tout le créé. Parfaitement uni en Dieu et exemplaire dans sa vie terrestre jusqu'à son retour au Père, il lui revient donc de reconduire vers Dieu Trinité les hommes désorientés par le péché. À sa suite, la personne humaine se trouve placée au centre, non pour dominer la création, mais pour la reconduire

1. Expression employée par Ilia Delio, *Cheminer avec Saint Bonaventure*, *op. cit.*, p. 67.

2. *Ibid.*, p. 70.

en Dieu. Seule la personne est matière, esprit et union, et peut donc opérer cette reconduction (appelée encore réduction par Bonaventure) et *a fortiori* le Christ Jésus, vrai Dieu et vrai homme, unique médiateur.

Une des questions que soulève l'écologie aujourd'hui est celle de la place de la personne humaine. Créée par Dieu et vivante parmi la création, affirmons bien qu'elle n'est pas toute-puissante, mais dans une mission « sacerdotale » : sans doute, cette expression pourrait-elle nous conduire à des retrouvailles authentiques avec la création. Elle signifie que la personne est la seule, en solidarité indéfectible avec le créé, à pouvoir « opérer » ce retour à Dieu de tout ce qui est : seule, elle reconnaît la création comme gloire de Dieu dans la vérité de ce qui existe et, seule, elle peut exprimer cette vérité en élevant son cœur vers Dieu dans la prière. Ainsi, conclut sœur Ilia Delio, « grâce à la reconnaissance humaine et à l'expression de l'empreinte divine sur la réalité créée, toute chose dans la création est reconduite à Dieu[1] ». Que signifie cette reconduction ? C'est la mission de la personne libre que de connaître, reconnaître et mener à sa perfection – pourvu qu'elle soit en communion fraternelle avec le créé – tout ce qui existe. Saint François nous en montre

1. *Ibid.*, p. 194.

l'exemple. Le problème est que le péché a cassé ce mouvement de reconduction « naturel » d'avant la chute. La personne est désorientée et recourbée sur elle-même, voulant la place du Créateur et tout le créé est fragmenté, divisé, séparé. Alors que nous comprenions, à partir du regard contemplatif sur le créé, que tout est relation et que donc « tout est lié » en Jésus-Christ, après le péché, le Verbe éternel de Dieu a pris le chemin de l'humanité, par amour, pour réouvrir le chemin de la reconduction. Toute personne qui fait le choix de suivre le Christ, en solidarité avec toute la création, peut participer à ce mouvement du retour au Père.

La mission « sacerdotale » est éminemment relationnelle. La Trinité est une communauté de relations de laquelle tout surgit. Tout dans la création est, d'une certaine manière, en relation avec la Trinité. La personne aura mission d'être médiatrice, médiation s'inscrivant dans celle du Christ. En Israël, le sacerdoce exerce toujours deux ministères fondamentaux qui sont deux formes de médiation : le service du culte et le service de la Parole. Dans notre situation, le service du culte est celui de la prière de louange, au cœur de la vie de François, à tel point que Thomas de Celano ne disait plus que François priait mais qu'il était la prière faite homme (2 C 95). Le service de la Parole est celui de la prédication, une prédication étendue à tous et tout. La parole de François ressemble à ces semences largement semées sur toutes les terres au bord du chemin, qu'elles soient caillouteuses, pleines de ronces ou bonnes. La parole est celle qui révèle à tout le créé sa vocation de louange et de gratitude à l'égard du Créateur.

CHAPITRE 16

PÈLERIN

François, solitaire, a consenti à un dépouillement qui le rendait semblable à Jésus en sa pauvreté. Cette attitude dépouillée lui a ouvert la porte de la contemplation de la création telle que voulue par Dieu et l'a également initiée à sa condition de pèlerin. Dans sa deuxième *Règle*, François écrit : « Que les frères ne s'approprient rien, ni maison, ni lieu, ni quoi que ce soit. Et comme des pèlerins et des étrangers en ce siècle, servant le Seigneur dans la pauvreté et l'humilité, qu'ils aillent à l'aumône avec confiance » (2 Rg 6, 1-2). L'expression « comme des pèlerins et des étrangers » vient de la première lettre de Pierre : « *Bien-aimés, puisque vous êtes comme des étrangers résidents ou de passage, je vous exhorte à vous abstenir des convoitises nées de la chair, qui combattent contre l'âme* » (2 P 2, 11).

Le pèlerin est celui qui ne s'installe pas en un lieu, ni ne s'approprie son environnement. Il est là, il passe, il reçoit, il abandonne. Le pèlerinage sur cette terre est, pour François, le remède par excellence au péché qui est, justement, appropriation. Au cœur de la faute, François aperçoit ce désir d'appropriation. Alors que le péché originel est souvent associé à une désobéissance, François y voit une façon de s'approprier le don de la liberté, de se mettre au-dessus d'une bonté qui ne cesse de nous environner. Dans le péché, il y a alors deux mouvements : saisir, s'approprier ; s'exalter, s'élever.

La vie est un pèlerinage au sens où elle est un cheminement vers le centre de tout ce qui est et origine de ce qui est, c'est-à-dire la réalité la plus profonde de toute histoire. En effet, « *la ville que nous avons ici-bas n'est pas définitive : nous recherchons la ville qui doit venir* » (He 13, 14) et « *actuellement nous gémissons dans l'ardent désir de revêtir notre demeure céleste par-dessus l'autre* » (2 Co 5, 2). Thomas de Celano a décrit en termes précis le code du pèlerin : « le fait de se recueillir sous le toit d'autrui, de passer pacifiquement, d'aspirer à la patrie » (2 C 59). Le pèlerin est celui qui part à la conquête de son vrai pays, luttant contre les forces de mort. Comme les Hébreux sortis de l'esclavage par la traversée de la mer Rouge et venus du désert ont combattu contre les nations païennes pour pénétrer dans la terre promise, de même le chrétien, sorti de l'esclavage du monde par son baptême, doit quitter le désert de ses attaches terrestres et combattre pour pénétrer dans le royaume éternel qui lui est promis. François parlait d'ailleurs ainsi volontiers des frères : « Traversant le désert de ce monde comme des pèlerins et des étrangers et comme de vrais Hébreux, dans la pauvreté d'esprit ils célébraient de manière continue la Pâque du Seigneur, c'est-à-dire le passage de ce monde au Père » (LM 7, 9). Le croyant espère donc les choses futures et s'achemine vers elles dans le combat spirituel. Le pèlerin n'est pas loin du solitaire car l'orant, celui qui prie, se fait pèlerin de l'absolu.

Le code du pèlerin édicte que l'hébergement sera assuré par autrui, que nous sommes faits pour passer et que nous aspirons à trouver la patrie. Dominique Gagnan explique :

> Refuser au religieux la possession d'un cloître, c'est le forcer à fixer son regard vers les choses futures en comptant sur la Providence pour sa subsistance : c'est l'attacher à l'unique cellule de sa vie intérieure, lui donner pour cloître la création du Père et le lancer sur la route de l'Éternité à

travers le monde pour la conquête de son âme et de celle des hommes qu'il rencontre[1].

Nous avons là un écho du sermon aux oiseaux, en qui François voyait le symbole de ses frères. François aspire donc à ce que ses frères, formés à la discipline spirituelle du solitaire, pérégrinent avec sagesse dans le monde, en y repoussant les forces de mort par la prière, l'exemple, la vie fraternelle et la prédication.

Un cloître aurait aussi mis une séparation entre François et la création, or celui-ci avait appris à lire le « livre de la création » et ce livre lui parlait du Royaume futur qu'il désirait si ardemment. En effet, la création est, selon les mots de Luc Mathieu, « une parole divine, exprimée de multiples façons dont l'ensemble constitue un livre que Dieu créateur a confié à l'homme pour qu'il puisse le lire, et ainsi connaître, admirer et aimer la Trinité-Créatrice[2] ». Mais le péché a défiguré le monde et la personne est aveuglée, ne pouvant lire ce livre créé. Dès lors, le livre de l'Écriture, la Bible, est nécessaire pour réapprendre à lire le livre de la création. Il exerce

1. Dominique GAGNAN, « François au livre de la nature : le chevalier », in *Études franciscaines*, tome XXIII, n° 67-68, 1973, p. 353.

2. Luc MATHIEU, « La théologie franciscaine du créé », in *Évangile aujourd'hui* n° 91, 1976, p. 21.

le regard à chercher Dieu et son dessein. Les deux livres, celui de la création et celui de l'Écriture, renvoient à un livre antérieur, le Verbe incréé écrit « *au-dedans et au-dehors* » (Ez 2, 9) : en lui le Père s'exprime éternellement et, dans l'histoire, le Verbe incarné a manifesté aux créatures la Parole du Père.

Désormais, nous pouvons relire avec davantage de clés cette approche de Thomas de Celano si juste quant à la relation de François avec le créé :

> S'il avait hâte de sortir du monde comme de l'exil d'un pèlerinage, cet heureux voyageur se réjouissait de ce qui est dans le monde, et certes pas peu. Face aux princes des ténèbres, il s'en servait en effet comme d'un champ de bataille ; mais face à Dieu, comme d'un très clair miroir de sa bonté. À l'ouvrage, on loue son artisan ; tout ce qu'il trouve dans la réalité, il le rapporte au Créateur. Il exulte en toutes les œuvres des mains du Seigneur et, à travers d'agréables spectacles, il considère la raison vivifiante et la cause. Il reconnaît dans ce qui est beau la Beauté suprême ; pour lui, toutes les choses bonnes crient : « Celui qui nous a faites est le Bien suprême. » À travers les traces imprimées dans les choses, il suit partout le Bien-aimé, il se fait de tout une échelle par laquelle il puisse parvenir au trône. Avec l'affection d'une dévotion inouïe, il embrasse toutes choses, leur parle du Seigneur et les exhorte à le louer. Il épargne les lanternes, les lampes et les chandelles, ne voulant pas troubler de sa

main leur éclat qui serait le signe de la lumière éternelle. Sur les rochers, il marche avec respect, par égard pour celui qui est appelé le Rocher. Alors qu'on avait besoin de citer ce verset : « Sur le rocher tu m'as élevé », pour dire quelque chose de plus respectueux il dit : « Sous les pieds du rocher, tu m'as élevé. » Aux frères qui coupent du bois, il défend de scier un arbre entier, pour qu'il ait l'espérance de produire à nouveau des rejetons. Au jardinier, il ordonne de laisser autour du jardin des bordures qui ne soient pas bêchées, pour qu'en son temps l'herbe verte et le charme des fleurs proclament la beauté du Père de toutes choses. Dans le jardin, il prescrit de définir un petit jardin de plantes odorantes et florissantes, pour qu'elles invitent qui les regarde à se rappeler la suavité éternelle. Sur son chemin, il ramasse les vermisseaux pour ne pas les fouler aux pieds ; pour qu'ils ne meurent pas de faim à l'époque de la glace hivernale, il demande qu'on place à leur intention du miel et des meilleurs vins. Il appelle du nom de frère tous les animaux, même si, parmi toute espèce de bêtes, il a une prédilection pour les douces. Qui pourrait tout raconter ? De fait, cette fontaine de bonté, qui doit être tout en tout, rendait désormais tout clair en tout pour ce saint (2 C 165).

Le pèlerinage pour François dure toute la vie, jusque dans les souffrances et l'approche de la mort. Nous avons vu au début de l'ouvrage les conditions dans lesquelles François composa le *Cantique de frère Soleil*, presque aveugle, affaibli par les jeûnes et porteur des stigmates.

C'est néanmoins la promesse de l'héritage éternel qui redonne à François joie et ardeur. Et se mettant à dire le *Cantique*, François va au-delà de ce qu'il comprenait jusque-là : il déchiffre le sens de la création avec une intensité jamais atteinte. Loin de fuir le créé, son espérance que nous appellerons eschatologique « lui donne d'aller au plus profond de sa lecture du Livre de la Nature. Sûr d'être près d'hériter, il reconnaît dans l'univers le chant de cet héritage et se réjouit dans cette expression cosmique de la gloire royale qu'il peut déjà contempler dans les choses d'ici-bas avant même d'être dans la Jérusalem céleste[1] ». Finalement, le pèlerin, en un même désir, a à la fois hâte de quitter ce monde, et un amour profond pour tout le créé.

Il nous faut ici insister sur le fait que le pèlerin ne contemple pas Dieu dans les créatures comme s'il pratiquait là un « exercice spirituel » : comme le précise Luc Mathieu, « c'est leur vie même de créature se déroulant dans le cadre du créé qui se confond avec une telle quête de Dieu[2] ». C'est là un point capital de

1. Dominique GAGNAN, « François au livre de la nature : le chevalier », *op. cit.*, p. 360.

2. Luc MATHIEU, « Le fondement théologique de l'émerveillement franciscain devant le monde créé », in *Culture* XXVI, n° 3, septembre 1966, p. 325.

« l'écologie » de François. François s'intéresse au créé en lui-même, comme « signe et médiation nécessaire providentielle et miséricordieuse, adaptée par Dieu à notre condition pérégrinante[1] ». Pour ce faire, nos sens corporels sont engagés : ceux-ci ont à se laisser convertir et perfectionner pour être ordonnés à leur véritable fin. Ainsi le monde sensible n'est-il pas un joli spectacle extérieur, mais il est couleurs, substances, formes et saveurs qui demandent à entrer en nous par la porte des sens. Suivons ici brièvement Bonaventure dans l'*Itinéraire de l'esprit jusqu'en Dieu*[2] ; au deuxième chapitre, il décrit le mouvement de ces retrouvailles spirituelles auxquelles nous aspirons : « L'homme qui est appelé microcosme, possède donc cinq sens, comme cinq portes par lesquelles entre en son âme la connaissance de toutes les réalités qui sont dans le monde sensible » (*It* II, 3). Par la vue entre ce qui est coloré et lumineux ; par le toucher, ce qui est solide et terrestre ; par le goût, les liquides ; par l'ouïe, les sons ; par l'odorat, ce qui se sent. Par les sens, le monde passe dans l'âme et ainsi peut passer en Dieu. Comment, par les sens, peut-on être dans une

1. *Ibid.*, p. 326.

2. Nous continuons à lire l'*Itinéraire* dans la traduction du frère André Ménard, Vrin, 2019.

expérience de Dieu, alors que nous dissocions habituellement expérience de Dieu et expérience du monde ? Nous ne sommes pas d'avant le péché originel, mais nous sommes correctement équipés car si la ressemblance à Dieu est désorientée, l'image, elle, demeure. Le Verbe incarné est venu assumer les sens et les guérir. Il faut donc rendre aux sens « cette aptitude merveilleuse, qu'ils ont perdue, à sentir Dieu [...] Une sensation réussie est reconductrice[1] ». Bonaventure l'écrit : « Par ces cinq sens, nous appréhendons les mouvements des corps, nous sommes pris par la main et conduits à la connaissance [...] des causes » (*It* II, 3). Les choses sensibles sont appréhendées et conduisent à un plaisir lié à la beauté, à la suavité et à ce qui est sain, pour arriver au jugement : « On s'enquiert de la raison du plaisir qui est perçu dans les sens à partir de l'objet »(*It* II, 4). Ainsi est recherchée la première beauté, suavité et salubrité[2], celle de Dieu.

Nous percevons qu'il y a conversion des sens lorsque nous renonçons à posséder les créatures pour en « user droitement » : « user de quelque chose, explique

1. Laure SOLIGNAC, *La Théologie symbolique de saint Bonaventure*, Parole et silence, 2010, p. 37-38. On ne peut que recommander ce livre pour entrer dans l'intelligence de cet aspect central de la spiritualité franciscaine explicitée par Bonaventure.

2. Au sens de chose activement saine, qui apporte la santé et le salut.

saint Augustin, c'est en rapporter l'usage à ce dont il convient de jouir[1] », Dieu. Il y a donc une dépossession ou un dépouillement à accepter. L'important n'est pas d'avoir peur de nos sens, capables de Dieu, mais d'en faire des « portes » qui permettent aux créatures d'être reconduites au Créateur. Nous comprenons ici que les créatures se prêtent à un chemin vers le Créateur, et que Dieu se prête et condescend à être visible (lu) dans les créatures. En un mot, « il existe un chemin des créatures à Dieu et de Dieu aux créatures[2] ». Ainsi, lorsque François rencontre les oiseaux, au moyen des sens, il est éveillé à louer le Créateur et à déchiffrer en eux l'empreinte du Créateur.

À propos de la présence de Dieu dans le monde, n'oublions pas que la créature « ne peut être sans la présence de celui qui lui a donné l'être[3] ». Cela ne signifie pas que l'être de Dieu soit mêlé aux créatures. « Le monde n'existe pas sans Dieu, mais Dieu existe sans le monde. Il est uni au monde sans en être[4] », comme la lumière

1. Saint AUGUSTIN, *De doctrina christiana*, I, 4, 4 (BA 11, 81).

2. Laure SOLIGNAC, *La Théologie symbolique de saint Bonaventure*, *op. cit.*, p. 39.

3. Saint BONAVENTURE, I *Sent.*, d.37, p. 1, a.1, q.1, resp.

4. Laure SOLIGNAC, *La Théologie symbolique de saint Bonaventure*, *op. cit.*, p. 44.

qui éclaire toute chose sans se mêler aux choses. Nous avons vu qu'il y a différents degrés de présence divine dans les créatures (vestiges, images et ressemblances). D'une certaine manière, toute créature est révélation divine : François va s'en réjouir de plus en plus, au cours de ses pérégrinations. Celles-ci sont autant d'occasions de remercier l'Artisan premier. Pèlerin, François accepte les rencontres et les vit de tout son être. Il se rappelle alors qu'il est fait pour la patrie du ciel et que sur cette terre, il est de passage, un passage joyeux, un passage transformant, un passage pacifiant.

CHAPITRE 17

HÉRAUT

François s'est engagé sur le chemin de la conversion au Dieu vivant et vrai, source de la création et visible en elle. Il s'agit maintenant de le proclamer : « Je suis le héraut du grand Roi », lance François à des brigands qui l'arrêtent en forêt, alors qu'il vient de quitter Assise après la scène du dépouillement (LM 2, 5). Il est tout joyeux, euphorique et rayonnant. Dans ses écrits, jamais François ne parle de lui comme d'un « héraut », mais toujours comme d'un serviteur et d'un frère mineur. Le héraut est un porte-parole : il porte les déclarations de guerre, publie la paix, proclame les décisions du prince. Donnant vie aux mots, « le héraut est celui qui manifeste le Verbe[1] ». Au long des pages, nous avons vu François prêter sa voix à tous les éléments du créé. Par eux et avec eux, il a loué, chanté, proclamé, remercié le Créateur. Une représentation très expressive de cela se trouve au musée du Moyen Âge de Cluny, à Paris : il s'agit d'un reliquaire quadrilobe, réalisé en Limousin dans la seconde moitié du XIIIe siècle[2]. La notice diffusée sur le site Internet du musée dit ceci : « Inédite, la scène montre saint François d'Assise, qui vécut tel un "nouveau Christ", recevant les stigmates. Le saint est entouré d'arbres et d'animaux, ce qui renvoie à l'amour que l'auteur du *Cantique* des créatures portait à la nature. » Notons la justesse de plusieurs termes, mais précisons aussi que François aime le Créateur, se comprenant lui-même comme partie de la création ; avec elle, il se laisse conduire par la main pour louer le Créateur et en elle, il lit la « présence » du Créateur.

Étonnante capacité de François d'Assise à parler à tous, de son temps et aujourd'hui encore, avec une parole qui était « comme un feu brûlant qui pénètre au

1. Dominique GAGNAN, « Le héraut du Grand Roi », in *Études franciscaines*, tome XX, n° 54, 1970, p. 195.

2. À découvrir sur le site du musée : https://www.musee-moyenage.fr/collection/oeuvre/reliquaire-francois-assise.html (page consultée le 10 décembre 2020).

plus profond du cœur et [qui] remplissait d'admiration l'esprit de tous » (1 C 23). Sa prédication comportait des paroles, mais aussi des gestes, des danses, des attitudes, des retraits… En toutes circonstances, son corps était sa première prédication, qui se poursuivait éventuellement en paroles. Plus largement, François prête son corps et sa voix à l'ensemble du langage qu'émet la création. Par lui, « l'Église du Christ est renouvelée » (1 C 37), mais aussi sa joie éclate, comme par exemple en regardant les abeilles : « Il exaltait pour la gloire du Seigneur leur efficacité à l'ouvrage et l'excellence de leur nature par un tel éloge qu'il passa bien souvent une journée entière à les louer ainsi que toutes les autres créatures » (1 C 80). Avec François, les mots s'enracinent dans les choses parce que les choses sont un langage, comme le redit Dominique Gagnan : « Si les mots sont engagés dans le réel, c'est que le réel est parole. L'univers est un texte, il est ce Livre où l'homme peut puiser son savoir, sa conformité à l'être[1]. » Quelques années avant François, un théologien, Hugues de Saint-Victor, écrivait : « Ce monde sensible est comme un livre écrit du doigt de Dieu, et chaque créature en est comme une lettre[2]. » Parler, c'est manifester son appar-

1. Dominique GAGNAN, « Le héraut du Grand Roi », *op. cit.*, p. 200.

2. *Eruditiones didasclicae*, lib. VII, cap.4.

tenance aux choses et à leur finalité. Création et Écriture sont deux manifestations du même Verbe, de la même Parole du Père: « Ne vois-tu pas comment [Création] interrogée et Écriture consultée s'entendent en un seul et même sens[1] ? » demande Richard de Saint-Victor. Un autre auteur du XIIe siècle, Hubert de Bosham, va jusqu'à écrire: « Comme en de multiples mots, [la création] dit ce Verbe unique qui a parlé une fois pour toutes », et cette même création « par sa plénitude même nous évangélise totalement de telle sorte que le monde entier de ce Verbe par lequel tout dans le monde a été fait est comme un Évangile corporel devenu une fête visible pour tout l'univers[2] ».

Ce héraut agit en serviteur, c'est-à-dire sur le mode « mineur ». Ceci a une raison bien simple que François décrit dans une de ses *Admonitions*, qui sont des conseils spirituels donnés aux frères:

> Considère, ô homme, dans quelle excellence t'a placé le Seigneur Dieu: il t'a créé et formé à l'image de son Fils bien-aimé quant au corps et à sa ressemblance quant à l'esprit. Et toutes les créatures qui sont sous le ciel, chacune à sa façon, servent leur Créateur, le connaissent et

1. *Benjamin major*, lib. V, cap. VII.

2. *Liber Melorum*, 3.

> lui obéissent mieux que toi. Et même les démons ne l'ont pas mis en croix, mais toi, avec eux, tu l'as mis en croix et le mets encore en croix, en te délectant dans les vices et les péchés. Dès lors, en quoi peux-tu donc te glorifier ? (Adm 5, 1-2).

Autrement dit, c'est par le service que l'on s'insère dans le monde des créatures, que l'on gagne droit de cité dans l'être et donc aussi droit à la parole. Comme serviteur, François apprend à connaître le langage de l'Écriture et de la création. Le serviteur est pauvre, d'une pauvreté qui n'est ni esthétique, ni d'abord ascétique. La pauvreté est un regard nouveau porté sur l'univers, regard de reconnaissance devant ce qui est, pauvreté fondamentale devant la plénitude d'être d'une chose. « Reconnaître la plénitude d'être d'une chose appelle le service de cette chose[1]. »

C'est par le service des lépreux que François a redécouvert l'unité de l'être et le langage des choses. Pour pénétrer toute forme de langage, il faut servir. Dans son *Testament*, François exprime cela, d'une certaine manière : servir pour redonner à l'être d'être perçu dans son unité, servir pour retrouver le langage de l'amour signe du monde nouveau, servir pour être le héraut du

1. Dominique GAGNAN, « Le héraut du Grand Roi », *op. cit.*, p. 204.

Grand Roi. La parole de François, c'est le *Cantique de frère Soleil* mêlé à l'Évangile pour laisser le Verbe se manifester. Et Thomas de Celano de se réjouir :

> À la fin des temps, ce nouvel évangéliste[1], pareil à un des fleuves du paradis, a en effet diffusé sur toute la terre les flots de l'Évangile par une pieuse irrigation ; il a prêché par son action la voie du Fils de Dieu et la doctrine de vérité. Aussi s'est-il produit en lui et par lui une exultation inespérée et une sainte nouveauté sur la surface de la terre ; le germe de l'antique religion a renouvelé soudain ceux qui s'étaient longtemps envieillis et étaient très décatis. Un esprit nouveau a été donné dans les cœurs des élus et au milieu d'eux s'est déversée une onction de salut quand, tel un des luminaires du ciel, le serviteur et saint du Christ a rayonné d'en haut d'une façon nouvelle et par des signes neufs. Par lui ont été renouvelés les anciens miracles, lorsque dans le désert de ce monde, par un Ordre nouveau, mais d'une manière ancienne, a été plantée la vigne qui porte des fruits, qui fait pousser des fleurs de suavité, exhalant le parfum des saintes vertus, en étendant partout les rameaux de la religion sacrée (1 C 89).

1. François est un nouvel apôtre en ce qu'il suit les traces du Christ, un nouvel évangéliste en ce qu'il annonce la Bonne Nouvelle.

CHAPITRE 18

ET NOUS ?

Nous voilà arrivés au terme des « traits » de la figure de François qui explicitent sa relation au créé. Solitaire, dépouillé, contemplatif, pèlerin et héraut, ainsi est François : au moment de sa conversion, il vit un retournement qui se déploie tout au long de sa vie, un retournement qui le conduit, dépouillé, à développer un regard contemplatif sur tout ce qui est et, en pèlerin du ciel sur la terre, il se fait héraut du créé. François était « un mystique et un pèlerin », écrivait avec justesse le pape François (*LS* n° 10). Au terme de ce livre, nous pouvons ajouter qu'il se situe en continuité *et* originalité avec les anachorètes du désert et les moines cisterciens du XIIe siècle, s'inscrivant dans le courant du monachisme intérieur, courant qui est encore celui de Thomas de Celano et de Bonaventure.

Si la question se posait, peut-être sommes-nous maintenant convaincus que « l'écologie de François » n'est pas seulement gentillesse avec la création ; elle est service de la seigneurie de Dieu dans la profondeur de tout le créé qui parle de Dieu et donne à voir les traces du Créateur. En cela, rappelons-le, François n'agit pas de lui-même, il apprend aussi à se laisser guider par les éléments et conduire par la main à Dieu ! Les choses sont des verbes de Dieu, elles l'expriment et donc peuvent conduire à lui, source de tout ce qui est. Comme nous pouvons le lire dans le livre de la Sagesse, « *à partir de la grandeur et de la beauté des créatures, le Créateur pourra devenir connaissable* » (Sg 13, 5) ; il l'est en Jésus-Christ :

> On a écrit des milliers de fois que le stigmatisé de l'Alverne a enrichi la spiritualité chrétienne d'un sentiment de tendresse à l'égard de l'humanité de Jésus. C'est exact, et exactement dans le développement de la mystique cistercienne du XIIe siècle ; mais il ne faut pas oublier que le sentiment de tendresse n'est rien à côté de l'exigence d'imitation. Arrêter l'attitude de saint François au sentiment de tendresse, c'est interrompre le développement du mouvement [...] : voir, croire, aimer, agir, goûter Dieu[1].

1. Willibrord DE PARIS, « Rapport de saint François d'Assise avec le mouvement spirituel du XIIe siècle », in *Études franciscaines*, 1962, p. 140.

Le mouvement de la vie en Dieu suppose un aspect « ascendant », de la créature au Créateur, mais aussi un aspect « descendant », imitant le Christ venu dans la chair. On peut contempler Dieu *par* ses créatures et *dans* ses créatures, « où il réside par son essence, sa puissance et sa présence » (*It* II, 1). Pour Bonaventure, ce second aspect est plus important que le premier car il est une manière plus profonde de se tenir en présence de Dieu. C'est tout le mouvement des stigmates sur le Mont Alverne en 1224 puis du *Cantique de frère Soleil* en 1225. En descendant, nous continuons de nous élever vers Dieu ! Dans cet aspect descendant, nous sommes affectés par les créatures en nous laissant toucher par les choses. Laure Solignac exprime avec précision la manière d'être affecté :

> Que tout ce monde sensible entre dans l'âme, et qu'ainsi à travers l'homme, les créatures non rationnelles soient reconduites à Dieu. Telle est la tâche qui incombe à l'homme et la marque de sa désappropriation : revenir à Dieu, non pas seul et nu, mais avec tout un monde dont il a accepté de recevoir les impressions et les stigmates. C'est imprimé et expressif comme un livre qu'il retourne à Dieu, comme François d'Assise, de telle façon que dans la glorification de l'homme, c'est toute la création qui sera glorifiée. En ce sens, on peut dire que le monde sensible se sert de l'homme pour atteindre sa fin, puisque

> c'est seulement par notre intermédiaire que la création s'unit avec Dieu[1].

Je peux ici vous recommander de vous exercer à cette manière d'être au monde. J'emprunte ma proposition à un parcours bonaventurien initié par des frères capucins et des laïcs franciscains. Il se vit en deux étapes pour vivre l'aspect « ascendant » puis l'aspect « descendant ».

Il s'agit d'abord de se mettre en présence du Créateur de tout ce qui est en l'invoquant, simplement. Je choisis ensuite un objet corporel (fleur, arbre, caillou, animal) ou un être corporel et spirituel (une personne) ou spirituel (mon ange gardien). Je le considère dans l'ordre du monde, je perçois sa dimension temporelle (son histoire, sa dynamique propre), j'observe ses caractéristiques physiques (poids, nombre, mesure), s'il en a. J'admire ce qu'il est. J'écoute aussi dans le silence ce qu'il me dit de son Créateur, le miroir qu'il me tend pour contempler la puissance, la sagesse et la beauté du Créateur.

Il s'agit ensuite, dans l'aspect « descendant », de retourner à cet objet ou à cet être en invoquant la Trinité, jaillissement de vie présente. Je prends le

---

1. Laure SOLIGNAC, *La Théologie symbolique de saint Bonaventure*, *op. cit.*, p. 91.

temps d'appréhender l'élément par les cinq sens qui deviennent des « portes ». Je prends « plaisir » à l'incorporation de sa ressemblance, à admirer sa beauté, à goûter sa présence suave, à me demander pourquoi je suis « affecté ». J'exprime ce que je ressens en termes de beauté, de suavité ou de salubrité, ce qui m'émerveille, me charme ou me nourrit, ce que je vois de son rapport harmonieux. Ce mouvement d'avènement de la connaissance sensible dans l'esprit humain à travers les portes des sens est analogue au mouvement qu'est la Trinité, engendrement éternel du Fils par le Père. Nous recevons, nous accueillons, sans projection ni parole, dans la relation silencieuse à cet élément, la Présence trinitaire mystérieuse qui anime le monde en lui-même et le reconduit au-delà de lui-même.

L'encyclique *Laudato si'* exprime cela en trois paragraphes que je me permets de citer, comme une synthèse des pages qui précèdent :

> L'univers se déploie en Dieu, qui le remplit tout entier. Il y a donc *une mystique dans une feuille*, dans un chemin, dans la rosée, dans le visage du pauvre. L'idéal n'est pas seulement de passer de l'extérieur à l'intérieur pour découvrir l'action de Dieu dans l'âme, mais aussi d'arriver à le trouver en toute chose, comme l'enseignait saint Bonaventure : « La contemplation est d'autant plus éminente que l'homme sent en lui-même l'effet de la

grâce divine et qu'il sait *trouver Dieu dans les créatures extérieures*[1] » (n° 233).

Pour les chrétiens, croire en un Dieu qui est un et communion trinitaire, incite à penser que toute la réalité contient en son sein une marque proprement trinitaire. Saint Bonaventure en est arrivé à affirmer que, avant le péché, l'être humain pouvait découvrir comment chaque créature « atteste que Dieu est trine ». Le reflet de la Trinité pouvait se reconnaître dans la nature « quand ce livre n'était pas obscur pour l'homme et que le regard de l'homme n'avait pas été troublé[2] ». Le saint franciscain nous enseigne que *toute créature porte en soi une structure proprement trinitaire*, si réelle qu'elle pourrait être spontanément contemplée si le regard de l'être humain n'était pas limité, obscur et fragile. Il nous indique ainsi le défi d'essayer de lire la réalité avec une clé trinitaire (n° 239).

Les Personnes divines sont des relations subsistantes, et le monde, créé selon le modèle divin, est un tissu de relations. Les créatures tendent vers Dieu, et c'est le propre de tout être vivant de tendre à son tour vers autre chose, de telle manière qu'au sein de l'univers nous pouvons trouver d'*innombrables relations constantes* qui s'entrelacent secrètement. Cela nous invite non seulement à admirer les connexions multiples qui existent entre les créatures, mais encore à découvrir une clé de notre propre épanouissement. En effet, plus la personne humaine grandit, plus

1. Saint Bonaventure, *II Sent.*, 23, 2, 3.

2. Saint Bonaventure, *Quaest. disp. de Myst. Trinitatis*, 1, 2, concl.

elle mûrit et plus elle se sanctifie à mesure qu'elle entre en relation, quand elle sort d'elle-même pour vivre en communion avec Dieu, avec les autres et avec toutes les créatures. Elle assume ainsi dans sa propre existence ce dynamisme trinitaire que Dieu a imprimé en elle depuis sa création. *Tout est lié,* et cela nous invite à mûrir une spiritualité de la solidarité globale qui jaillit du mystère de la Trinité (n° 240).

Ainsi était François d'Assise.

CONCLUSION

Lors du confinement du printemps 2020, un prêtre du diocèse de Coutances choisit de publier des photos et des écrits qui, tout en faisant de nombreuses références à la vie pratique et à la culture populaire, constituaient aussi des invitations à se nourrir de la parole de Dieu. À travers ces photos, il ne s'agissait pas de « rechercher la beauté pour elle-même », mais de « se demander ce qu'elle invite à vivre comme lien, comme relation[1] ». Ces quelques mots simples de notre actualité rejoignent la démarche de François d'Assise et ce que nous

1. https://www.vaticannews.va/fr/eglise/news/2020-08/pere-david-lerouge-temoignage-livre-confinement.html (page consultée le 11 décembre 2020).

appelons aujourd'hui l'écologie, à savoir « une science qui étudie les interactions des êtres vivants entre eux et avec leur milieu », comme l'affirme Wikipédia. Avec François d'Assise, cependant, nous ne nous sommes pas attardés sur la technique que notre époque apprécie par souci de sécurité, d'efficacité et de rentabilité, mais sur les attentions et les relations bienfaisantes au sein du créé : celles-ci pourront alors donner sens à des techniques que nous emprunterons aux temps passés, comme la permaculture, ou que nous inventerons, sans oublier que « le sol grouille de fraternité », comme le disait un jeune agriculteur aux évêques de France lors de leur assemblée plénière de novembre 2020.

Dès les premières pages de ce livre, nous avons souligné la place centrale de Jésus pauvre et crucifié dans la conversion de François. En faisant l'expérience de l'amour rédempteur, celui de Jésus offrant sa vie sur la croix, François est entré progressivement dans la compréhension effective de l'amour créateur. Par la contemplation de Jésus crucifié dont il a partagé les sentiments, François a été amené à chercher les traces de l'amour créateur en toute chose créée. « Le sens de la création dont témoigne François d'Assise tout au long de sa vie demeure incompréhensible hors de la lumière de son expérience de la croix[1] », écrivait le capucin Dominique Gagnan, en référence à tous les dépouillements vécus par François : maladies, pauvreté, jeûnes, incompréhensions de la part des frères... Pas à pas, François a reconfiguré son regard intérieur selon la logique de la croix et il est arrivé peu à peu à approcher la perfection de l'homme originel, telle qu'issue des mains de Dieu. À la manière de Jésus, il a su reconnaître « non plus seulement dans la foi et dans l'espérance, mais aussi expérimentalement (naturellement !), en chaque chose, l'essentielle relation de création qu'il partage avec elles dans la Paix de l'Amour créateur. C'est la paix paradisiaque retrouvée, ou encore, peut-être plus précisément, la Paix eschatologique déjà expérimentée[2] ». En cela, François se situe dans un courant historique, qu'il vaut la peine de rappeler en quelques mots, et annonce une postérité qui n'est pas achevée. Dans les attitudes et les paroles de François d'Assise, nous avons retrouvé des traits de ces figures originales des moines du désert, ces « fous de Dieu ». Le moine syrien du VIe siècle, Jean Moschus, dans son célèbre *Le Pré spirituel*, revient sur la

1. Dominique GAGNAN, « La croix et la nature chez Saint François d'Assise », in *Antonianum* 57 (1982), p. 645.

2. *Ibid.*, p. 669.

vie de ces anachorètes et en particulier sur leurs actions, plus édifiantes que leurs paroles. Ainsi vivait un moine « qui était parvenu à une telle vertu qu'il recevait les lions qui venaient dans sa grotte et qu'il leur donnait à manger sur ses genoux, tellement cet homme de Dieu était rempli de la grâce divine[1] ». Une autre fois, un abbé qui avait enlevé l'épine de la patte d'un lion mourut. Le lion le chercha, poussant de grands rugissements, et quand il eut trouvé sa tombe, il se frappa violemment la tête contre le sol et mourut lui aussi. L'auteur du *Pré Spirituel* écrit alors : « Tout cela se fit non pas qu'il faille attribuer au lion une âme raisonnable, mais parce que Dieu voulait glorifier ceux qui le glorifient, non seulement durant leur vie, mais encore après leur mort, et montrer comment les bêtes étaient soumises à Adam avant qu'il eût transgressé son commandement et qu'il eût été chassé du paradis des délices[2]. » Voilà la réalité que François a approchée, lui qui a voulu sa vie durant glorifier Dieu et être à sa place – et rien que sa place – parmi le créé, en serviteur, en intendant, en

1. Jean MOSCHUS, *Le Pré spirituel*, Paris, Cerf, Sources Chrétiennes 12, p. 48.

2. *Ibid.*, p. 157.

héraut, s'inscrivant déjà dans la nouveauté du Royaume à venir, instauré par la mort et la résurrection de Jésus.

Cette identité adamique se retrouve chez Antoine du désert, père du monachisme auquel va se référer tout le renouveau du XIIe siècle : « Un jour, un philosophe vient visiter Antoine et lui dit : "Père, comment pouvez-vous tenir privé comme vous êtes de la consolation des livres ?" Antoine lui dit : "Mon livre, ô philosophe, est la nature et ainsi je peux lire le langage de Dieu comme je veux."[1] » Bernard de Clairvaux, initiateur de la réforme de Cîteaux, confirme dans une lettre : « On apprend beaucoup plus de choses dans les bois que dans les livres ; les arbres et les rochers vous enseignent des choses que vous ne sauriez entendre ailleurs, vous verrez par vous-même qu'on peut tirer du miel des pierres et de l'huile des roches les plus durs. Ne savez-vous pas que la joie distille de nos montagnes, que le lait et le miel coulent de nos collines, et que nos vallons regorgent de froment[2] ? » Cette citation se trouve d'ailleurs aujourd'hui dans l'actuel espace d'accueil de

1. *De vitis patrum, sive verba seniorum*, lib. VI, libellus 4, 16, P.L. 73, 1018 C.

2. Saint BERNARD, *Epistola CVI ad magistrum Henricum Murdach*, 2, dans *Œuvres complètes de saint Bernard*, Paris, Vivès, 1977, t. 1, p. 159.

l'abbaye cistercienne de Fontenay, en Bourgogne, invitant le citadin pressé à poser les valises pour apprendre à… voir ! Le jeu du tentateur est de brouiller le regard. La *métanoïa* ou retournement consiste à réapprendre à voir et à entendre la création de manière nouvelle, celle-ci se faisant enseignante. Un capucin du XVIIe siècle, Yves de Paris, invite les lecteurs de ses *Morales chrétiennes* « à faire une visite continuelle du monde pour entendre toutes les créatures qui nous crient qu'elles sont les œuvres de Dieu, pour recueillir ces voix, et y joignant les jubilations de notre cœur, en faire un sacrifice solennel à la souveraine majesté[1] ».

Plus près de nous, dans les années 1930, deux auteurs vont s'exprimer en résonance avec cette approche. Joseph Folliet, « ami » de saints François depuis un pèlerinage à Assise, décrit la « joliesse » des paysages et conclut : « Par une dialectique franciscaine, l'esprit va de la beauté créée à la Beauté incréée, du reflet à la lumière, elle découvre l'immense fraternité de la création et salue amoureusement la Paternité divine. Dressée et vibrante comme le prêtre à la préface, la nature entière

1. Yves DE PARIS, *Morales chrétiennes*, cité dans Henri BRÉMOND et Charles GROLLEAU, *Anthologie des écrivains catholiques en prose au XVIIe siècle*, Paris, Crès, 1919, p. 97-98.

chante le *Sursum Corda*[1]. » Paul Claudel, de son côté, dit de François d'Assise qu'il « n'est plus tout entier que donation, une espèce d'époux et de nouveau-né ». Il est « celui qui possède éternellement aujourd'hui ces choses qui sont préparées pour demain », choses qui deviennent pour lui « transparentes et fraternelles »[2]. Dès lors, « l'expression de Dieu, le geste de Dieu, le langage de Dieu, ce sont ses créatures. Telle est sa première révélation[3] ». Cela signifie que « nous avons à dégager de toutes les créatures la marque du Créateur, la louange dont il l'a faite dépositaire responsable, ce qu'elle a à nous dire de Dieu et, pour cela, la lire par le dedans, à la regarder sans préjugés, avec attention, patience et sympathie, non pas dans l'attitude d'un juge, ni celle d'un caporal, mais dans celle d'un frère, selon que saint François

1. Joseph FOLLIET, *La Spiritualité de la route*, Paris, Bloud et Gay, 1945, p. 165-166. Le *Sursum Corda* (« élevons notre cœur ») est, à la messe, le début de la prière eucharistique, moment où le prêtre va consacrer le pain et le vin devenant Corps et Sang du Christ offert au Père dans l'Esprit Saint. C'est la grande prière d'action de grâce.

2. Paul CLAUDEL, lettre adressée aux Capucins le 27 janvier 1926, publiée Marie-Hélène DE BENGY, *Les Dons du Manteau*, *op. cit.*, p. 105-113.

3. Paul CLAUDEL, *Introduction au livre de Ruth*, Paris, Desclée de Brouwer, 1938, p. 74.

s'adressait à Frère le Feu et à Frère le Loup[1] ». Ainsi, nous accomplirons notre tâche en travaillant à l'avènement du Verbe par « la libération en chaque créature de la parole qu'elle est. C'est pour cela que le dernier mandat du Verbe fait chair à ses apôtres au jour de son Ascension est d'aller et de prêcher l'Évangile *à toutes les créatures*, non pas aux hommes seulement, vous entendez ? Mais à toutes les créatures, de nommer Dieu devant elles et de leur apprendre ce qu'elles *veulent dire*[2] ». Ces auteurs ne reformulent-ils pas notre démarche au fil des pages de ce livre et la mission « sacerdotale » de la personne humaine dans sa relation au créé ?

Cette mission a été décrite par François Cheng, qui nous invite à nous engager dans cette aventure de la Vie :

> Le Grand Vivant – à ne pas confondre avec le « bon vivant » – est celui qui va au-devant de la Vie, sans prévention et sans restriction, avec un courage désarmant et une confondante générosité. Comme tout un chacun, il va au-devant de ce qui est agréable, bénéfique, gratifiant. Cependant, lui ne se dérobe pas face à ce qui est

1. Paul Claudel, *Positions et propositions*, t. II, Paris, Gallimard, 1934, p. 198.
2. Paul Claudel, *Conversations dans le Loir-et-Cher*, Paris, Gallimard, 1935, p. 257.

hostile, éprouvant, nuisible : privations, intempéries, bêtes sauvages prêtes à dévorer, brigands prompts à tuer, être atteints de maladies contagieuses que tous fuient, offensés et humiliés dont la souffrance vous écrase. Le Grand Vivant se doit de dévisager toute la souffrance terrestre, car ce qui est impliqué à travers l'ensemble des êtres, c'est bien cette immense aventure de la Vie. [...] Pour le Grand Vivant, tout est rencontre, tout est interaction, tout est occasion d'une possible transformation. [...] Pour que ces êtres farouches entrent en toute confiance dans son intimité, l'empathie lui est nécessaire mais insuffisante. Il lui faut demeurer lui-même humble et dépouillé, au point de devenir un « rien bienveillant », ou alors un « rien vivifiant », un peu à l'image du Créateur qui s'oblige à se tenir en retrait afin que les créatures puissent pleinement vivre. [...] Homme creusé de soif et de faim, car tout don, par essence, contient sa promesse de saveur infinie. Aux yeux de ce chantre de la Création, la terre entière se donne à être savourée, en ses amertumes comme en ses délices, celles-ci rendues plus précieuses par celles-là[1].

1. François CHENG, *Assise. Une rencontre inattendue*, *op. cit.*, p. 42-44.

COURTE BIBLIOGRAPHIE

BASTAIRE Jean, *Le Chant des créatures. Les chrétiens et l'univers d'Irénée à Claudel*, Paris, Cerf, 1996.

BONAVENTURE, *Itinéraire de l'esprit jusqu'en Dieu*, Paris, Vrin, 2019 (texte latin introduit et annoté par L. Solignac et traduit par A. Ménard).

CHENG François, *Assise. Une rencontre inattendue*, Paris, Albin Michel, 2014.

DALARUN Jacques, *Le Cantique de frère Soleil. François d'Assise réconcilié*, Paris, Alma éditeur, 2014.

DELIO Ilia, *Cheminer avec saint Bonaventure*, Paris, Éditions franciscaines, 2015.

DELMAS-GOYON François, *Saint François d'Assise. Le frère de toute créature*, Les Plans-sur-Bex, Parole et Silence, Collège des Bernardins, 2017.

LECLERC Éloi, *Sagesse d'un pauvre*, Paris, Desclée de Brouwer, 1991.

SAUQUET Michel, *Émerveillement et minorité. La spiritualité franciscaine pour aujourd'hui*, Paris, Taillandier, spiritualité, 2019.

SOLIGNAC Laure, *La Théologie symbolique de saint Bonaventure*, Les Plans-sur-Bex, Parole et Silence, Collège des Bernardins, 2010.

TIMMERMANS Félix, *La Harpe de saint François*, Paris, Bloud et Gay, 1961.

VAUCHEZ André, *François d'Assise*, Paris, Fayard, 2009.

REMERCIEMENTS

À Stanislas Jozan et Hélène Mongin des Éditions de l'Emmanuel pour avoir sollicité et accompagné cet écrit.

À sœur Claire-Élisabeth Cappatti, osc (Poligny, dans le Jura), frère André Ménard, ofm cap (Paris) et Jean-Marc Vichard pour leurs relectures critiques.

TABLE

PREMIÈRE PARTIE

LOUANGE FILIALE

PARTIE 2

LA CRÉATION PATERNELLE

PARTIE 3

LES RETROUVAILLES SPIRITUELLES

www.editions-emmanuel.com

Dépôt légal : février 2021
IMPRIMÉ EN FRANCE

Achevé d'imprimer le 8 février 2021
sur les presses de l'imprimerie *La Source d'Or*
63200 RIOM
Imprimeur n° 22287

Dans le cadre de sa politique de développement durable,
La Source d'Or a été référencée IMPRIM'VERT
par son organisme consulaire de tutelle.
Cet ouvrage est imprimé - pour l'intérieur -
sur papier bouffant Munken Print White 80 g
provenant de la gestion durable des forêts.